homo helvetico-politicus

© 1998, 2001 by Melusine Verlag

Herstellung: Books on Demand (Schweiz) GmbH

ISBN 3-9521132-5-5

Für Dich.

Laurenz Hüsler

homo
helvetico-politicus

Satirische Geschichten

Melusine

Inhalt

Vorwort	11
Ruhe am Arbeitsplatz	13
Arbeits-Ethos	21
homo helvetico-politicus	30
Qualitätsarbeit	45
The Long Beep	55
Betriebsunfall	71
Takeover	84

Vorwort

Dieses Buch ist dem Schweizervolk zum Geburtstag seiner Demokratie gewidmet. Keiner weiß zwar so richtig, ob es nun hundertfünfzig oder zweihundert Jahre Demokratie sind, die wir feiern. Das wird wahrscheinlich erst in einer Volksabstimmung geklärt werden, und dies erst im dritten Anlauf, weil die Städter wieder von den ländlichen Gegenden überstimmt werden, die Romands von den Deutschschweizern, die Linken von den Rechten und umgekehrt.
Zwischen zwei Abstimmungen werden wir dann alle fleißig schaffen, und wir werden uns gegenseitig reorganisieren. Und darüber wird es keine Abstimmung geben.
Aber Reden.

Die Geschichten in diesem Band drehen sich um Arbeit, Arbeitsqualität, Arbeits-Ethos - und was die Politik dagegen tut, was der Himmel dagegen tut, was echt coole Männer dagegen tun.

Und zum Trost gibt es am Schluß eine Geschichte, welche nicht der Realität entspricht.

Laurenz Hüsler

Ruhe an der Arbeitsfront

Herr Schmidt hatte einen Fehler gemacht. Einen fatalen Fehler. Herr Schmidt hatte sich nicht zurückgehalten, wie es geboten war, nein, er hatte sich gehen lassen wie ein Kleinkind.
Herr Schmidt hatte sich geräuspert.
Er hatte es also gewagt, sich zu äußern über die Geschäftspolitik, das war sofort klar. Er hatte es gewagt, eine Meinung zu haben, und dazu noch, diese zu äußern. Jeder im Konzern wußte, daß dies gefährlich war, jeder im Konzern schwieg und sagte nichts und dachte möglichst gar nichts. Nur so war es möglich, dem erklärten Willen der Konzernleitung zu entsprechen.
Aber Herr Schmidt hatte sich geräuspert.
Die ganze Abteilung war zusammengezuckt, vom Buchhalter bis zur Sekretärin und dem Lehrling, denn

Ruhe an der Arbeitsfront

Herr Schmidt hatte sich geräuspert. Man hörte jetzt nur noch das Summen der Lüftungsanlage und der Computer, und draußen die Autos, die über die verregneten Straßen fuhren.
Die Chefsekretärin versuchte, sich auf den Bildschirm zu konzentrieren und gleichzeitig den Lehrling im Auge zu behalten, der Lehrling hielt seine Maus fest und versuchte, ihren Blick zu ignorieren, der Buchhalter fixierte die Mitte seines Rechenblattes.
Keiner bewegte sich.
Keiner wagte, das Räuspern gehört zu haben, jeder versuchte sich diskret über seine Arbeit zu beugen, und doch wußten nun alle klar und deutlich voneinander, daß sie es gehört hatten: denn sonst wäre es nicht so still geworden.
So verharrten alle im Großraumbüro in ihrer letzten Bewegung vor diesem verdammten Räuspern.

Dieses Räuspern, klar und deutlich, es konnte nur gegen die Firma gerichtet sein. War doch gerade heute morgen allen die Mail verteilt worden, die befahl, sich nicht kritisch zu äußern über die bevorstehende Zusammenlegung mit der Konkurrenzfirma, war doch

Ruhe an der Arbeitsfront

gerade heute morgen betont worden, daß Äußerungen des Unmutes als Angriff auf den Arbeitsfrieden und die Profitabilität des Unternehmens galten. Nur wer sich enthusiastisch zeigte, so konnte man der Mail entnehmen, nur wer sich freute über diese größte Fusion in der Wirtschaftsgeschichte, hatte noch eine Chance, im neuen Unternehmen einen Job zu finden, nur wer mitmachte bei diesem, wie der Konzernleiter geschrieben hatte, bei diesem wegweisenden Schritt in die sichere Zukunft des Unternehmens, nur der konnte damit rechnen, morgen nicht aus dem Fenster geworfen zu werden.
Und Herr Schmidt hatte sich geräuspert, bevor er zu seinem Telefon gegriffen hatte. Ein leichtsinniger Mann, und das paßte zu ihm. Er hatte immer schon seine eigene Art zu atmen gehabt. Er hatte schon immer den Rechner mit einem Schwung eingeschaltet, den sogar der Lehrling als übertrieben empfand, und in diesem Moment wußte die Chefsekretärin, es war eine subversive Art, eine gefährliche Art, eine Art, die das Unternehmen nicht dulden würde.
Gottseidank hatten sie nun diese neue Truppe, da würde sofort durchgegriffen. In Kürze schon würden die Män-

Ruhe an der Arbeitsfront

ner von der internen Sicherheit dastehen. Es konnte sich nur um Minuten handeln.

Die Truppe, vor ein paar Wochen noch ein Verein gemütlicher alter Herren, war reorganisiert worden, als erstes, noch bevor die Fusion richtig über die Bühne gegangen war, sie hatten neue Uniformen bekommen, die weichen Schuhe waren durch Lederstiefel ersetzt worden, die grauen Mäntelchen durch stramme Uniformen mit goldglänzenden Knöpfen. Sicherheitsstab hieß man sie nun, Sicherheitsstab hatte die Geschäftsleitung die genannt und versprochen, bald einen geeigneten Kürzel festzulegen. Sie würden gleich dastehen und Herrn Schmidt abholen.

Im Grunde hatte bis zu diesem scheußlichen Räuspern niemand wirklich mit dieser Möglichkeit gerechnet, alles war irgendwie noch in Ruhe abgelaufen, aber als Herr Schmidt sich bewegte und den Hals freimachte, wurde es allen klar: Das war das Ende von Herrn Schmidt. Das mußte das unabwendbare Aus sein.

Die Männer waren noch immer nicht gekommen, und alle außer Herrn Schmidt warteten ungeduldig und

Ruhe an der Arbeitsfront

doch gelähmt und mit trockener Kehle. Konnte es sein, fragte sich die Sekretärin, während Herr Schmidt eine Nummer wählte, konnte es sein, daß die Sicherheitsleute nicht sofort kamen, weil sie ein größeres Aufgebot machten? Daß sie alle ihre Leute inklusive Reserve aufboten? Aber das würde ja bedeuten, daß sie - um Gottes Willen - nicht nur Herrn Schmidt holten, sondern die gesamte Abteilung.
Sie würden im Sturm die Türen einrennen, alle herausholen, oder womöglich schlimmer - hatte es nicht geheißen, wer nicht begeistert sei, werde hinausgeworfen? Hinausgeworfen! Sie würden alle miteinander verantwortlich gemacht für dieses Räuspern. Herr Schmidt, dieser Mensch, der da drüben nun geduldig auf sein Gegenüber am Draht wartete, der war verantwortlich für das Ende der Abteilung, für das Aus der Angestellten. Ein Schwein war der, ein Hund, der keine Verantwortung zeigte, nur sich selber sah und nicht den Schaden, den er den anderen zufügte.

Sie mußte jetzt begeistert aussehen, sagte sich die Chefsekretärin und versuchte, die vor Angst verspannten Mundwinkel hochzubringen, den trockenen Mund

Ruhe an der Arbeitsfront

zu öffnen, um wenigstens die Zähne zum Lächeln zu bringen, aber sie schaffte es nicht. Sie würde jeden Moment das Gepolter der Truppe hören, im nächsten Augenblick den Sturm erleben, und dann war es zu spät - es sei denn, sie konnte die Leute überzeugen, daß sie mit dem Räuspern absolut nicht einverstanden sei, auf keinen Fall, denn das Arbeiten während der Fusion sei ganz besonders interessant. Sie mußte das vorher anbringen, noch bevor sie kamen, sofort anrufen, den Männern erklären, sie müßten nur den abholen, der ein Räuspern gewagt hätte, die anderen seien alle enthusiastisch und arbeiteten motiviert und unter voller Last, die ihnen leicht falle. Anrufen! Jetzt! dachte sie, aber sie konnte sich nicht bewegen unter dem Eindruck dieses verdammten Kerles, der dort hinten in scheinbarer Ruhe sein Telefongespräch führte und nicht merken wollte, was er ausgelöst hatte.

Die Männer kamen mit leichtem Schritt über den Teppich, nur drei von den Leuten, sie lächelten freundlich in alle Richtungen, warfen Blicke in die Runde wie wenn sie beiläufig ein Grüppchen verschüchterter Hündchen begrüßten, und dann gingen sie zu Herrn

Ruhe an der Arbeitsfront

Schmidt. Sie hatten keine Mühe, diesen zu identifizieren, und die Leute im Raum waren danach völlig überzeugt, daß alle mit Kameras und Mikrofonen überwacht wurden.
Aber es gab einen einfachen Grund für diese Zielstrebigkeit: Alle sahen nur zu Herrn Schmidt hin.
Die Männer vom Sicherheitsstab gingen auf ihn zu, der sein Telefongespräch freundlich und bestimmt abbrach, darauf ansetzte, eine Notiz zu schreiben und die Herren mit einem verwunderten Nicken begrüßte. Er kam aber nicht dazu, etwas aufzuschreiben: Der erste Mann aus dem Sicherheitsstab legte ihm ruhig die Hand auf die Schulter und nahm ihm den Griffel aus der Hand. Der zweite faßte ihm von der anderen Seite unter den Arm. Der dritte stand ans Fenster, hielt sich verträumt am Griff fest und - Hinauswerfen! Es hatte hinauswerfen geheißen, jetzt würden sie einen um den anderen drannehmen und am Schluß sie, die Chefsekretärin. Sie wollte aufschreien, aber das gelang ihr so wenig wie ein Lächeln, denn vor Angst hatte sie aufgehört zu atmen.
Und Herr Schmidt, höflich, wie er sich nun einmal gab, stand auf und folgte den Leuten vom Sicherheits-

Ruhe an der Arbeitsfront

stab, ohne ein Wort zu sagen. Der dritte am Fenster ließ den Griff los, sie gingen alle miteinander zurück durch den Raum zum Ausgang und Richtung Lift, ohne die übrigen Angestellten zu bemerken, die immer noch wie Hündchen dasaßen. Und als Herr Schmidt sich noch einmal umsah, bemerkte er, daß die Leute erleichtert an ihrem Platz saßen. Alles war also in Ordnung, mußte er wohl glauben.

Als die Chefsekretärin endlich wieder zu atmen wagte, kratzte ihr Hals.

Arbeits-Ethos

Er war stolz darauf, daß er viel arbeitete, und stolz darauf konnte er nun wirklich sein, da war er sich sicher. Das machte ihm so schnell keiner nach, und das hatten auch die Kollegen anerkannt, schon damals, als er noch beim HC Kloten mitspielte. Weit hatte er es gebracht, sein Vater müßte eigentlich stolz sein auf ihn, der müßte endlich mal das Gehabe ablegen, als ob sein Sohn immer noch ein kleiner Junge wäre.

Er hatte es geschafft, und er würde es noch weiter schaffen. Man erreichte das, woran man glaubte, man konnte das, was man sich träumte, es war eine reine Frage des Willens und der harten Arbeit. In dieser Welt zählte Leistung, und die kam nur von Arbeit, ausdauernder Arbeit. Kein Nachgeben, wenn die Brust

Arbeits-Ethos

mal schmerzte, die Zähne zusammenbeißen und durch. Er war keiner von diesen Waschlappen, die den Bettel hinwarfen und behaupteten, sie seien sich zu gut für das Rat-Race. Klar, nur die besten hielten da durch. Nachhaltig solide Arbeit, das war eben sein Credo.

Natürlich, im Grunde tat er das in erster Linie für seine Familie. Wie wollten jene Waschlappen ihrer Frau den BMW bezahlen, wenn sie nicht bis in den Abend hinein bei der Arbeit ausharrten, ja eine Nacht durchackern konnten, wenn Not am Mann herrschte? Natürlich war ihm die Familie am wichtigsten im Leben, warum hatte seine Frau gestern diese dumme Frage gestellt: Das Haus, der Wagen, die Ferien am Schwarzen Meer, die Ferien im Engadin, die Wochenenden in Paris und London, das tat er doch nur für die Familie. Er verwöhnte sie doch wie am ersten Tag, mehr noch, denn als Student hatte er weniger Geld zur Verfügung gehabt. Zeit? Wieso verstand sie das nicht, er sorgte doch ganz bewußt dafür, daß die Zeit Quality-Time war.
Frauen waren manchmal schwer zu verstehen. Aber das mußte er integrieren können. Irgendwann würde

Arbeits-Ethos

sie ihn schon begreifen. Es war doch auch für seine zwei Kinder, sie mußte die doch gut erziehen können, viel Zeit haben, damit die Kleinen nicht mit zwölf in die Fänge der Drogenhändler fielen. Nein, es war wichtig, ein gutes Zuhause garantieren zu können, eine gute Ausbildung, und ein Leben, das von Wahlfreiheit geprägt war, von der Freiheit, das auf den Tisch zu stellen, was man brauchte, von der Freiheit, sich für den Ferienort zu entscheiden, der ihrem Standing entsprach. Sie wollte doch auch, daß sie alle miteinander Sonntags auf den Golfplatz gehen konnten. Auf dem Golfplatz, dort spielte sich doch das Leben ab, auf dem Green kam man sich näher, und es war familiär, eine Familie war das, genau wie in der Firma, man teilte die gleichen Werte, und die Frau hatte auch eine gute Zeit, sie konnte im Klubhaus den Kindern eine Eiskrem vorsetzen lassen, sie sah ihn praktisch die ganze Zeit, während er mit Herrn Dr.Maier ein freundschaftliches Gespräch führte, und sie konnte sich währenddessen mit den anderen Frauen unterhalten. Außerdem lernten die beiden Kleinen andere Kinder aus der richtigen Umgebung kennen.
Seine Frau, die war gut mit den Kindern, das konnte

Arbeits-Ethos

sie einfach, dafür war sie geboren, das merkte man hier. Natürlich, es gab auch die Frauen, die Karriere machen wollten, das mußte man jenen lassen, die das suchten, und es war ja erstaunlich, was da einzelne vollbrachten, das mußte man auch als Mann anerkennen, man war ja kein Hinterwäldler aus dem Mittelalter. Er sah immer wieder mal eine Frau, die wirklich was verstand von ihrer Sache und die er unter entsprechenden Umständen sofort eingestellt hätte. Aber es fehlte denen natürlich auch etwas, das hatte er schon oft zu seiner Frau gesagt, und das behinderte natürlich die Karriere einer Frau, so sehr sie auch qualifiziert sein mochte auf dem Papier. Dieser Blick in den Augen jener Frauen, und er hatte spezifisch an die Connor gedacht, als er das sagte, dieser Blick paßte ihm einfach nicht. Aber eben, diese Frauen hatten ja wirklich eine schwierige Situation, in der sie sich behaupten mußten: Eine Frau konnte ja nicht gut Karriere machen und gleichzeitig diesen ruhigen Hafen zu Hause haben, diesen Ort, wo man einfach mal sein kann, wo einen die Kinder erfreuen, wenn man Zeit für sie hat - und die nahm er sich regelmäßig, im schlimmsten Fall halt erst am Samstag, aber dann war er ganz für sie

Arbeits-Ethos

da. Mußte er auch, die Kinder brauchten ja einen Vater, und Markus brauchte ein Vorbild, das spürte er deutlich, er hatte die beiden darum auch schon ins Büro mitgenommen, mehrmals. Sie sollten ruhig mal sehen, wie der Vater arbeitete. Sie sollten begreifen können, wie ihr schönes Zuhause bezahlt wurde. Sie sollten wissen, daß nur Leistung zu Erfolg führte.

Sein Markus, das war ein aufgeweckter Junge, der wollte immer etwas zeigen, wenn sein Papa nach Hause kam, und Martina, die war schon mit ihren fünf Jahren eine Frau, die ihn um den Finger wickeln konnte. Er konnte ihr einfach keinen Wunsch abschlagen, die war schon in ihrem zarten Alter eine Charmeuse erster Ordnung. Die würde einmal die Männer verrückt machen, die Männer würden ihr in zehn, fünfzehn Jahren zu Füßen liegen und dann konnte sie sich aussuchen, was sie wollte.

Kunstgeschichte würde sie studieren, hatte der Hörber im Geschäft gesagt und dabei spöttisch gelächelt. Dieser Hörber, woher hatte der gewußt, daß er das für seine Tochter auch schon ins Auge gefaßt hatte? Dieser Hörber, das war noch einer. Schade, daß der sich nicht einordnen konnte, der wäre vielleicht auch noch mal

Arbeits-Ethos

was geworden, dumm war er ja nicht, aber der war fähig, an einem schönen Tag um fünf Uhr zu verschwinden. Und mit der Connor von der Frankfurter Branch ist der auch schon essen gegangen. Business Lunch sagte er zwar, als wir ihn damit aufzogen, aber man müßte mal überprüfen, ob die Connor gerade in Zürich war, als er um fünf verschwand.

Der Kerl, er hatte zwar gute Ideen, das mußte man ihm lassen, aber in der Zeit von fünf bis neun am Abend hätte er doch gleich noch zwei weitere Ideen haben können, so wie der funktionierte. Der war sich einfach zu gut für Arbeit, hatte man das Gefühl, der dachte immer an etwas anderem herum. Richtig unseriös. Das mußte irgendwann schlecht gehen. Hatte auch keine Kinder, obwohl er verheiratet war. Mein Biturbo ist mein Kind, sagte der und konnte dazu lachen, und man wußte nie so recht, ob er einen am Ende auslachte.

Irgendwie sind solche Leute gefährlich. Und wie er dann sagen konnte, einen italienischen Wagen müsse man behandeln wie eine Frau, dann bleibe er einem ewig treu.

Wie er das meine, fragte ich.

Arbeits-Ethos

Fingerspitzen und ein gutes Ohr, antwortete er da, nicht immer Vollgas fahren, warmlaufen lassen und dann ruhig mal hochdrehen, daß alles vibriert.

Also der Kerl hat vielleicht eine schmutzige Phantasie, daß man den zu Kunden läßt, das schadet auf die Dauer unserem Ruf. Ein Wunder, daß der so geduldet wird.

Wenn der nicht von Zeit zu Zeit seine gute Ideen gehabt hätte, unkonventionell aber verdammt gut, das mußte man ihm lassen, es brauchte solche Querdenker, aber man durfte ihnen nicht zu viel Macht in die Hand geben, sonst geriete alles aus den Fugen. Das sah man ja daran, wieviele Firmen in Schwierigkeiten gerieten, weil der Patron einfach einen unkonventionellen Approach zur Sache hatte, der irgendwann in die Büsche führen mußte. Diese Patrons, die aus dem Nichts etwas aufbauten und dann in den Sand fuhren, diese Grundig, diese Studer, und wie sie alle hießen.

Zum Glück für die gibt es da uns, wir können denen helfen und mit unseren systematischen Analysen Wege aufzeigen, sofern wir dort einen Fuß in die Türe kriegen. Manchmal kommt es diese Patrons ja schon schwer an, das zu akzeptieren, was wir ihnen vorschlagen,

Arbeits-Ethos

aber dann sehen sie ein, es ist streng wissenschaftlich und eben absolut nötig, so sehr es auch einen Menschen schmerzen kann, der in der Öffentlichkeit steht und sich dann sagen lassen muß, es sei unmenschlich, was er da tue.

Dabei ist es doch zum Wohl der Firma. Und was geschieht, wenn die Firma die schwierige Phase nicht übersteht? Wir können da eben immer wieder helfen, wir haben die Instrumente, wir haben die Methodik, wir können auch mal die Leitung übernehmen, wenn das absolut gefordert ist, und wir kommen auch immer wieder untereinander zusammen, um gemeinsam die Trends und Schwerpunkte zu erarbeiten, die es braucht, um die Firmen richtig zu beraten.

Richtig und einmalig.

Wer hat den Trend erkannt und überall umgesetzt, daß die Autofirmen ins höhere Marktsegment gehen müssen, weil nur dort höhere Margen drinliegen? Wer hat dann den Trend erkannt und bei allen Kunden eingeführt, daß die Oberklasse kein Allerweltsmittel ist, daß es in Zukunft das Stadtauto braucht, weil nur dort der Massenmarkt wartet? Wer hat aufgezeigt, daß sich Prototypserien nicht rechnen, weil da die Time

Arbeits-Ethos

To Market viel zu lange wird? Wer hat weltweit die Matrix durchgesetzt, und dann die Profitcenters und Competence Centers? Wir müssen den Kunden helfen, profitabel zu bleiben und vor der Konkurrenz zu stehen, das sind wir allen unseren Kunden schuldig. Dazu braucht es Können, Flexibilität, die Fähigkeit, einen Weg in die Zukunft aufzuzeigen - auch wenn wir natürlich in einer Fachsitzung nicht viel sagen können, wir sind ja Generalisten.

Aber es braucht eben das übergeordnete Können, und das haben wir, und es braucht den Teamgeist unserer Firma.

Und es braucht den Einsatz bis zum Äußersten.

Da frage ich mich, wie lange es dieser Hörber mit seinem Biturbo noch bei uns machen kann. Die Kunden müssen ja die Nase rümpfen, wenn sie ihn mit seinem Italienerwagen kommen sehen. Der ist einfach nicht seriös. Der wird noch böse drankommen.

Dafür werden wir schon sorgen.

homo helvetico-politicus

Im Nachhinein beschloß der Gemeinderat einstimmig, daß es kein Fiasko war. Keiner hatte voraussehen können, daß die Reden so lange dauern würden, und keiner hatte ernsthaft gewollt, daß dieses Konzert verspätet begann.
Niemandem war anzukreiden, daß die Politiker geglaubt hatten, das Konzert sei eine Rahmenmusik für ihre Reden, niemandem, daß die tausend Gäste für ihren Sitz vierzig Franken bezahlt hatten und nur deshalb aushielten, weil sie die erste Rede als Begrüßung auffaßten.

Der Gemeindeschreiber begrüßte an jenem Abend die Damen und Herren, auch die Auswärtigen, aufs herzlichste, hieß alle ihm bekannten Politiker willkommen

homo helvetico - politicus

(einzeln und mit Namen), bedankte sich bei den Firmen, die zum Gelingen des Anlasses beigetragen hatten - und hier insbesondere bei der Blumenbinderei Flor, welche die schönen Buketts bereitstellte.

Die tausend Gäste waren anfangs geduldig, denn die fordernde Ichbezogenheit der Großstädter fehlte ihnen, und so klatschten sie gutmütig, als der Gemeindeschreiber stockend am Ende des dritten Blattes ankam.

Bei der zweiten Rede begannen einzelne Zuhörer zu murren, verstummten aber bald.

Wer will schon seinen Gemeindepräsidenten verärgern, wenn er eine Rede hält? Die Menschen in Reichweiler waren sich gewohnt, ja zu sagen zu dem, was ihnen das Leben hinstellte, und gewohnt zu glauben, was ein Herr Doktor erzählte.

Sie hatten den besten Anzug gewählt, das hellste Hemd und die anständigste Krawatte und waren mit der Frau in dieses Konzert gegangen, das die Tausendjahrfeier von Reichweiler einläutete. Sie wollten sich die Freude nicht verderben lassen und redeten sich ein, daß die Ansprachen unterhaltsam seien, wenn auch überraschend.

Der Applaus schwoll entsprechend der Wichtigkeit

homo helvetico - politicus

des Redners an, und dann stieg der dritte auf die Bühne. Der Dirigent des Orchesters resignierte und zog sich in die Garderobe zurück. Die Musiker hielten sich pflichtbewußt auf der Bühne der Sporthalle aufrecht und klammerten sich an ihre Instrumente. Auch die Zuschauer hielten an sich und lachten zu den Witzen, die der Bezirkspräsident in seine Rede eingeflochten hatte.

Wer gewohnt ist, in einer Fabrikhalle Turbinen zusammenzuschrauben, der erträgt auch Politikerreden. Insgeheim jedoch warteten die meisten auf den entschlossenen Winkelried, der aufstand und hinausging und dem man dann folgen könnte.

Doch nein, das lohnte nicht. Genau dann würde der da vorne aufhören und der nächste auf seine Ansprache verzichten, um das Konzert nicht hinauszuzögern. Es würde jeden Augenblick beginnen. Mit Mozart. Der beruhigt die Nerven.

Auch dieser Redner dehnte seine Zeit, und der Applaus am Ende wirkte so frenetisch wie verzweifelt.

Der Applaus galt allerdings nicht der Qualität der Rede, sondern deren Ende. Doch auch der vierte Redner, Kantonspräsident Dr. Lechz, ließ sich nicht beirren,

homo helvetico - politicus

und auch er trug seine wohlgesetzten Worte strahlend vor.

Tausend Jahre Reichweiler besang er. Das dauerte entsprechend lange, denn kein Politiker kann der Versuchung widerstehen, vor Publikum zu sprechen, welches sitzenbleibt wie eine Bank voll Drogensüchtiger im High.

Ein Zeuge, der in der vordersten Reihe saß, behauptete später allerdings, die Redner, und nicht die Zuhörer, hätten alle die Augen von Heroinsüchtigen gehabt, angesichts des vollen Saales.

Die ersten bösen Kommentare fielen nach dem Konzert, und am folgenden Tag erschienen in den Tageszeitungen harsche Kritiken. Insbesondere die Zeitungen im Nachbarkanton übten sich im Spott übelster Machart. Aber niemand war schuld, darüber war sich der gesamte, durch die Kritik aufgeschreckte und dann schnell zusammentretende Gemeinderat einig.

Fast der gesamte.

Denn einer gab keine Stimme ab, weil er in dieser Runde fehlte. Nein, zwei: der Gemeindeschreiber und der Gemeindepräsident. Blieben sie der Sitzung etwa

homo helvetico - politicus

aus Scham über die Zeitungskritik fern? Das war nun wirklich nicht nötig, denn der Gemeinderat stand voll und ganz hinter ihnen wie ein Mann. Wie einer, der verlegen von einem Fuß auf den anderen tritt.

Wieso, fragte der Sitzungsleiter in die Runde, wieso konnten sich die Leute denn nicht freuen darüber, daß im letzten Moment noch Kurzreden zum Jubiläum hineingeschmuggelt worden waren, gratis? Zugegeben, jeder der Redner hatte versichert, nur drei Minuten zu reden. Aber wer konnte es den Politikern verübeln, daß sie großzügige Reden vorbereitet hatten? Mit gezielten Lachern, mit Rückblick auf die Geschichte: wie der Alemanne Rich den Weiler gegründet hatte, wie die Mönche St.Fluarius und St.Suadosus den Glauben in den finsteren Wald brachten und ein Kloster gründeten (mit dem Wahlspruch *fluctuo*), wie dann die Baumwollspinnerei nach der Reformation Arbeit gab und wie schließlich die Ansiedlung der großen Firma den wirtschaftlichen Aufschwung - eben das *fluctuo*, das Wallen der Gelder - gebracht hatte. Jeder Redner erzählte diese Historie, aber jeder auf seine eigene, mal träfe, mal hintersinnige, mal ernste Art, und dasselbe stand auch in der Festschrift.

homo helvetico - politicus

Die Leute wollten sich ablenken von der Mühsal, wußten die Redner, darum strömten die Menschen hierher. Ablenkung sei ihnen gegönnt in den Zeiten der Rezession, aber: Die Frauen und Männer brauchten doch auch ermunternde Worte auf den Weg, nicht bloß Töne! Sie brauchten Trost in diesem Flußtal, in welchem der kalte Strom der Zeit die Fröhlichkeit, die Arbeit und die gütigen Worte wegzuschwemmen drohte. Diesen Trost konnten die Politiker geben.

Darum gerade hatte sich der Gemeindeschreiber zum Ziel gemacht, das Programm anzureichern, ja, die erste Rede zu geben. So bekam die vom Schicksal gezeichnete Bevölkerung neben Mozart und den Walzern auch noch leuchtende Worte mit. Worte, die den Weg durch die Nacht der Zeiten erhellten, Worte, die man getrost nach Hause tragen konnte, Worte, die dem Musikprogramm Gewicht gaben.

Am liebsten hätte er ein Wortkonzert veranstaltet, denn er, langjähriger Diener der Gemeinde, hatte insgeheim den Wunsch, in zehn Stimmen zu reden, zwanzig oder vierzig. Aber das geht nur bei der Musik. Also war es mehr als gerecht, die Reden nacheinander anwachsen zu lassen wie ein Crescendo bei Beethoven. Übertragen

homo helvetico - politicus

natürlich: Erst würde der Schreiber reden, dann der Gemeindepräsident, dann der Bezirkspräsident und am Ende der für seine fulminanten Vergleiche bekannte Kantonspräsident.

Die Gemeinde sollte eingestimmt werden auf das Jubeljahr und sollte fröhlich sein.

Bis über die Kantonsgrenzen hinaus hatte man das Fest angekündigt und Karten für das Konzert verkauft, zu Preisen, die der hohen Qualität von Orchester und Dirigent nicht nachstanden. Und in diesem Industriekanton würde man zum gleichen Preis obendrein noch fleißige Reden bekommen.

Der Gemeindeschreiber hatte diese Überraschung noch kurz vor Anfang der Feierlichkeiten mit Ovobüchsen verglichen, die in seiner Jugend auch manchmal Jubiläumsgeschenke enthielten, Überraschungen, die er immer heiß geliebt hatte: Spielzeugautos aus Plastik, die im Pulver steckten, Spielmünzen und besonders die Adventskalender, welche die Firma in der Winterszeit um die Dosen wickelte.

Doch keiner hatte die vernichtende Kritik vorhersehen können, darüber war sich der Gemeinderat einig in

homo helvetico - politicus

seiner Krisensitzung. Man gibt sich unendlich Mühe und siehe! Undank ist der Welt Lohn!
Der Neid feiere wieder einmal Urständ, sagte der Kassier, warum habe man auch die Journalisten aus dem Nachbarkanton gratis geladen? Die hauten mit der Wucht von tausend Messern in die Kerbe der Häme, die sich über Reichweiler ergieße und sabotierten das Jubeljahr systematisch. Einer dieser Schreiberlinge habe in seiner Kolumne sogar gefragt, wer denn noch ins zweite Konzert komme, wenn er nochmals die Reden von Kantonspräsident Dr. Lechz befürchten müsse. Mit dieser Negativpropaganda, da war sich der Kassier im Klaren, war natürlich kein Staat zu machen, und auch keine Kasse.
Dabei war doch gerade diese Rede des Dr. Lechz von unendlichem Witz gespickt gewesen, den aber, so schränkte er mit gerümpfter Nase ein, vielleicht nur Leute verstanden, die auch etwas von diesem Ort wußten.
Das hatte man davon, wenn man mit dem reichen Nachbarn großzügig war: Er lachte einen aus. Gescheiter wäre man unter sich geblieben.

homo helvetico - politicus

Das Fatale an der Geschichte war, daß die Redner alle gedacht hatten, die Zuhörer bezahlten für die Reden, nicht für den Rahmen. Sogar der verschwundene Gemeindeschreiber hatte dies am Ende geglaubt und der versammelte Gemeinderat glaubte es am Schluß seiner Krisensitzung ebenfalls.

Darum verstand jeder der Gemeinderäte voll und ganz, daß die Staatsmänner ihre vereinbarte Redezeit überzogen hatten: Ein voller Saal mit zahlenden Mitbürgern ist einfach eine Sensation für einen Politiker. Was sind dagegen Einschaltquoten von Gottschalk? Nichts. Was sind dagegen Spenden aus einer Industriefirma? Nichts. Die existieren auch gar nicht. Aber die vierzig Franken, die jeder da unten aus seinem eigenen Beutel bezahlt hatte, die waren von Herzen gekommen.

Niemand war schuld, daß die zwei Garderobefrauen mit dem Andrang der Leute überfordert gewesen waren und sich schon der Anfang um eine halbe Stunde verzögert hatte. Zwar waren die Konzertkarten restlos ausverkauft gewesen, aber man hatte ja nicht damit rechnen können, daß alle Zuhörer auf einmal kämen. Außerdem waren solche Lappalien bei den gelassenen

homo helvetico - politicus

Reichweilern unwichtig. Nur die Städter aus dem Nachbarkanton konnten sich nie gedulden, wollten ihre Konzerte auf die Sekunde genau anfangen lassen und konnten den Fluß der Zeit nicht mehr genießen.

Laut Zeugen hatten die Politiker angesichts des Gedränges an der Garderobe Bemerkungen zu ihrer Popularität ausgetauscht. Dr. Lechz war sogar beobachtet worden, wie er seinen Text hervorzog, auf die Toilette verschwand und dort Ergänzungen anbrachte.

Auch eine Woche nach der Krisensitzung blieben die Politiker verschollen. Man hatte zunächst geglaubt, sie seien aus Zorn über den Spott für ein paar Tage verschwunden, der Gemeindeschreiber hatte solches ja auch - beim charaktervollen Landwein nach dem Anlaß - bitter angetönt, er, der sich doch soviel Mühe gegeben hatte, der Welt für einmal zu zeigen, was Reichweiler sei.
Doch keine der Ehefrauen wußte nun, wo ihr Mann geblieben war. Daß einer mal eine Nacht wegblieb, das konnte passieren und wurde auch stillschweigend ignoriert, aber dieses Verschwinden für bald zehn Tage

homo helvetico - politicus

ließ Böses ahnen, und man begann darüber zu murren, wie zynische Schmierer Karrieren zerstörten. Die Polizei suchte die Männer, ließ einen Aufruf wiederholt über den Bildschirm flackern, untersuchte Passagierlisten und aktivierte internationale Kanäle.

Die Ehefrauen bekamen mitfühlende Anrufe und tröstende Briefe. Auch Urinella, die Seherin, meldete sich bei den verlassenen Frauen.
Glücklich seien die vier, erklärte sie nach einer spiritistischen Sitzung über Telefon, die Herren säßen auf engem Raum zusammen und könnten nicht weg, aber eben, sie seien glücklich - als ob sie unter Drogeneinfluß ständen. Sie spüre die Wellen deutlich, nur eine kleine Störung funke manchmal dazwischen, sie wage es kaum zu sagen, es sei peinlich, aber vielleicht helfe es weiter. Es sei eine harte Welle, die auf Harndrang weise.
Die harte Welle ließ am nächsten Tage nach, der Glückszustand verstärkte sich, sagte sie, nein nichts Sexuelles, sondern Spirituelles, was die Frauen nur beschränkt beruhigte. Und dann brachen die Wellen ab. Sie verlor den Kontakt.

homo helvetico - politicus

Die Polizisten, welche die Politiker schließlich fanden, in der Stadt im Nachbarkanton im schlimmsten Kreis, glaubten erst an eine Geheimversammlung, dann an eine Sekte, die sich umbrachte, an einen Akt von Selbstvergasung. Die Nachbarn hatten des Nachts, sagten sie, an einem Lüftungsgitterchen zur Küche flackernde Gase bemerkt, und beim Eindringen in die Wohnung schlug den Beamten der Gestank von tausend moderden Klos entgegen.

Hohlwangig saßen vier tote Männer in schäbigen Sofas, als ob sie bei einer langen Diskussion mit Zecherei eingeschlafen wären.

Schleunigst flohen die Beamten den Gestank und den proletarischen Hochbau, bevor er in die Luft flog, und forderten den kriminalistischen Dienst an. Durch die offene Tür strömte der Geruch der Toten und die verrauschte Stimme eines Redners aus einem Lautsprecher.

Als die Analyse des kriminalistischen Dienstes ergab, daß kein gefährliches Gas in der Luft lag, wagten sie einen zweiten Versuch. Die Leichen saßen mit himmlisch glücklichen Gesichtern in der Wohnung, die

homo helvetico - politicus

Köpfe erstarrt und die erloschenen Augen auf den Schnee im Fernseher gerichtet.
Ein ritueller Mord? Selbstentleibung? Sie waren nicht festgebunden, saßen in ihrer Notdurft, als ob sie magisch auf ihrem Platz festgehalten worden wären, und sie strahlten unendliche Glückseligkeit aus.
Alle im Anzug, in Krawatte, ohne Essen, ohne Trinken neben sich. Nur das Rauschen des Fernsehers mit der unverständlichen Stimme.

Kommissar Zufall hatte geholfen, meldeten die Nachrichten. Ein Nachbar hatte sich über tagelangen Lärm geärgert, immer wieder die Polizei angerufen, welche den Fall für die übliche Quengelei in einem überfüllten Wohnblock hielt. Doch dann hatten sich die Beamten erweichen lassen und waren hin gegangen.
Niemand öffnete den Beamten auf das Klingeln. Dadurch sofort in Alarmbereitschaft versetzt, befragten sie umsichtig die Nachbarn, welche übereinstimmend vom verborgenen Leben der Bewohner redeten, von Leuten mit dunklen Brillen, die nur des Nachts und mit einem Schal um den Kopf diese Wohnung besuchten.

homo helvetico - politicus

Einer der Polizisten bemerkte dann den Video unter dem Fernseher und stoppte das Band. Es war ein Endlosband, das sich an den Magnetköpfen allmählich abgeschabt hatte. Die Opfer mußten beim Betrachten des Filmes umgekommen sein.

Die Computeranalyse an der ETH ergab, daß das Band am Konzertabend aufgenommen worden war. Die Musik war wegeditiert und die Reden auf ein Endlosband überspielt worden.
Der Sektenvorwurf machte wieder seine Runde, man erinnerte sich an den Mord der Sonnentempler und inhaftierte Urinella.

Doch allmählich klärte sich die Situation. Die Politiker hatten sich ursprünglich gefunden, um ihre Reden zu studieren, erfuhr man aus sogenannt gut informierten Kreisen. *Aktionsgruppe zum Studium des politischen Scharfsinnes und seiner Wirkung auf die Bevölkerung* hatten sie ihren lockeren Verein genannt.
Anfangs war es da um die Perfektionierung der reinen Rhetorik gegangen. Dann begannen die Sitzungen auszuarten. Sie konzentrierten sich auf die Lust an der

homo helvetico - politicus

eigenen Rede statt auf die Lust, die sie im Zuhörer wecken wollten. Und das Band der Rede vor dem zahlenden Publikum, dieser für unerreichbar gehaltene Traum, hatte offensichtlich eine hochgradig euphorisierende Wirkung gehabt: Von ihren eigenen Reden gebannt, konnten sie sich keine Sekunde vom Fernseher lösen und waren schließlich, ohne Wasser und ohne Nahrung, in höchster Entrückung verendet.

Der Nationalrat beschloß im Eiltempo und mit feurigen Reden ein Verbot, Politikerreden auf Video aufzunehmen.

Qualitätsarbeit

Die vier Männer saßen am Besprechungstisch im Chefbüro und warteten, bis der Chef die erste Frage stellte. "Ist die Rakete bis vier Uhr fertig?" fragte dieser freundlich. "Wißt ihr, wenn wir definitiv heute Nachmittag auf den Mond fliegen, sollte ich das meiner Frau sagen. Sonst wartet sie mit dem Nachtessen umsonst."
Der Projektleiter räusperte sich und zog seine Stirn in Falten. "Wir haben da gewisse Schwierigkeiten."
"Wo liegt denn das Problem?" fragte der Chef behutsam, geübt von vielen Kursen in humanistischer Psychologie.
Der Projektleiter wies mit einer Kopfbewegung auf den dritten Mann am Tisch. "Es geht um die Nase der Rakete. Fritz ist noch nicht sicher, ob eine spitze Nase besser wäre. Oder vielleicht doch eher eine ab-

Qualitätsarbeit

gerundete." Der Projektleiter wühlte in den Papieren, die den Tisch zudeckten, und hielt dann dem Chef eine Zeichnung dicht vor das Gesicht.
"Jaso", sagte der Chef. Und dann, leicht irritiert: "Was hat denn dieser Würfel mit der Rakete zu tun? Etwa eine Transportkiste für den Proviant?"
"Das ist die Raketennase", erklärte der Projektleiter, um dann mit einer beschwichtigenden Handbewegung anzufügen: "Ein vorläufiger Entwurf von Fritz." Er holte Luft, gab sich einen Ruck und fuhr weiter. "Da sieht die Rakete halt etwas kantig aus."
"Eine kantige Rakete?" fand der Chef milde, "warum eigentlich nicht? Das paßt doch zu den Holzschnitzen hier an der Wand."
"Es gibt Probleme mit der Reibung, sagen unsere Consultants. Und die Steuerflügelchen passen nicht dazu, die will Max" - der Projektleiter nickte zum vierten Mann hin - "die will Max unbedingt schön gebogen. Aber das ist auch höchst komplex." Er beugte sich zum Chef hinüber und erklärte leise: "Wir haben im CAD-System den Befehl für die Abrundung von Ecken noch nicht gefunden."
"Aha", nickte der Chef verständnisvoll. "Eine harte

Qualitätsarbeit

Nuß. Na, ich denke, wenn wir bis heute abend fertig werden wollen, müssen wir die Entwicklung umstellen. Wir müssen Ressourcen konzentrieren, Kernkompetenzen herausschälen und die Ärmel hochkrempeln. Max, entwickle du die Nase, dann soll Fritz deine Flügelchen fertigzeichnen."
"Ich?" fistelte Fritz und färbte sich rot. "Flügelchen? Ich habe noch nie was mit Flügelchen zu tun gehabt, und überhaupt weiß ich nicht, was Flügelchen mit einem Motorboot zu tun haben."
Der Chef zog erstaunt den Kopf zurück. "Motorboot? Wir bauen ein Raumschiff, Fritz!"
"Ja, klar, weiß ich, ein Schnellboot mit viel Platz!"
"Eine Rakete, Fritz!"
Der Projektleiter strich sich übers Kinn. Max malte kleine Bälle auf seinen Block. Der Chef lehnte sich zurück.
Fritz schien zu begreifen. "Ist das kein Codename für ein Schnellboot?" wisperte er und verlor seine Farbe so schnell, wie er vorher angelaufen war.
"Nein", sagte der Chef.
Fritz schaltete wieder auf Rot. "Wie wollt ihr denn damit nach Monaco kommen", schrie er, "ihr seid ja

Qualitätsarbeit

verrückt! Die haben dort gar keinen Raumschifflandeplatz."

"Nicht Monaco, Fritz", sagte der Projektleiter und legte Fritz beruhigend die Hand auf den Arm. "Wir wollen auf den Mond. Darum heißt die Firma doch *Mondflug AG*."

"Was sollen wir auf dem Mond? Ich dachte, wir bekommen in Monaco Land für Ackerbau, sobald wir mit unserem Schnellboot angekommen sind."

Der Chef schüttelte den Kopf sanft. "Aber nein, Fritz", erklärte er mit besonders weichem Timbre, "in Monaco hat's doch längst kein Ackerland mehr. Aber auf dem Mond, da bekommt jeder von uns ein paar Tausend Quadratkilometer und kann dann anpflanzen, was er will. So sagte jedenfalls der Beamte, der mich damals von diesem Programm überzeugte. Und der muß es ja wissen."

"Aber wem gehört denn der Mond? Waren nicht die Amerikaner zuerst dort?"

"Klar, aber die sind ja wieder abgezogen, wahrscheinlich, weil sie zu wenig von Ackerbau verstehen."

"Ich eigentlich auch", murrte Fritz.

"Daraus macht dir keiner einen Vorwurf. Und auf

Qualitätsarbeit

dem Mond sieht das ja niemand. Das wäre in Monaco viel schlimmer."
"Warum sind die Amis denn wieder abgezogen?" beharrte Fritz.
Der Chef konzentrierte sich auf seine Fingernägel und schien intensiv nachzudenken.
"Ich hab's!" sagte der Projektleiter und suchte den Blick des Chefs, "vielleicht mußten sie wieder zurück, weil sie bloß ein Touristenvisum hatten."
"Und sie spannten die Fahne auf?" fuhr Fritz dazwischen und stand schon beinahe auf seinem Stuhl. "Als Touristen? Mich erwischt ihr nicht. Der Mond ist unfruchtbar, jawohl, und er gehört den Amis, damit ihr's wißt und damit basta." Er verknotete die Arme vor der Brust.
"Falsch", warf Max, der lange geschwiegen hatte, endlich ein, "der Mond gehört jetzt der Schweiz. Das ist ein Kompensationsgeschäft für die Abwehrjäger, welche die Schweizer Armee den Amerikanern abkauft. Habe ich im Tages-Anzeiger-Magazin gelesen."
"Kompensationsgeschäft? Ha!" Fritz entknotete die Arme wieder, um freier reden zu können. "Wie soll das funktionieren? Ich dachte, für den Kauf der F/18

Qualitätsarbeit

sollten die Amerikaner zur Kompensation der Schweiz Schokolade abkaufen. Jetzt kaufen wir ihnen plötzlich den Mond ab?" Fritz hopste auf seinem Sitz auf und ab.
"Du verstehst das falsch", dämpfte der Chef und drehte den Kopf ab, um den Armen von Fritz auszuweichen. "Den Mond geben sie uns als Kompensation dafür, daß wir ihnen die Jäger abnehmen. Und wir hier sollen zur Kompensation auf den Mond, sagten sie mir im Bundesamt für Abschiebung."
"Was ist denn das für ein Amt?" knurrte Fritz. Seine Hände blieben in der Luft stehen.
"Das ist eigentlich geheim" erklärte der Chef, "nur die höchsten Armeespitzen wissen es, nicht mal der Bundesrat. Aber ich kann es euch schon sagen, schließlich machen wir ja seit zwanzig Jahren zusammen dieses Geheimprojekt." Er beugte sich vor und sprach ganz leise: "Das BAA ist das geheime Amt, das unsere Forschung und Entwicklung finanziert. Von allem Anfang an."
"Das soll ein Geheimprojekt sein?" fragte Max höhnisch. "Warum steht dann auf unserem Hausdach das Riesenschild *Mondflug AG*? Das ist so groß, daß man

Qualitätsarbeit

es vom Nordpol her noch lesen kann!"
"Eben." Der Chef lehnte sich wieder zurück. "Das ist die Finte: Das glaubt ja keiner! Die Leute denken alle, wir wollen bloß einen Charterflug nach Monaco verkaufen."
"Dachte ich auch", murmelte Fritz.
"Seht ihr! Rekursive Dissuasion sagt man dem übrigens in der Fachsprache."
"Also ich soll nun die Flügelchen für eine Mondrakete machen?" wimmerte Fritz. "Da habe ich doch keine Erfahrung."
"Du kannst auch die Steuerelektronik bauen, wenn dir das besser gefällt", schlug der Projektleiter vor, "die haben wir ja auch noch nicht."
Aber da streckte Fritz mit neuer Wut den Kopf vor. "Von Elektronik verstehe ich nun gar nichts!" sagte er und lief noch stärker an. "Noch weniger als von Ackerbau."
"Wag' doch mal was Neues. Und wenn's schief läuft, sieht's ja keiner."
"Ich möchte aber lieber einen Motor bauen." Er hieb die Faust auf den Tisch.
"Brauchen wir das denn überhaupt?" fragte der Chef,

Qualitätsarbeit

die Augenbrauen hochgezogen, "da draußen hat's doch gar keine Tankstellen."
"Ich will aber den Motor bauen!" Wieder hieb Fritz auf den Tisch.
"Immer eine Extrawurst für Fritz", brummte Max. "Was denkst du eigentlich, wofür wir hier bezahlt werden?"
"MOTOR! MOTOR! MOTOR!"
"Na gut, Fritz", sagte der Chef endlich, "und hör bitte auf, mit den Füßen zu stampfen. Dann versuche ich mal, die Gelder für den Motor beim Staat lockerzumachen." Er griff zum Telefon und wählte bedächtig und wiederholt eine Nummer.
Die anderen murmelten unterdessen drauflos, ohne einander anzusehen, und schoben unwillig das Papier auf dem Tisch umher.
"Mond!" platzte Fritz heraus. "Wie soll ich da über Mittag nach Hause essen gehen?"
"Ach komm", sagte Max, "vielleicht gibt's auf dem Mond eine Kantine."
"Oder einen McDonald's", meinte der Projektleiter.
"Unmöglich!"
"Wieso? Die Amis waren doch dort?"

Qualitätsarbeit

"Was meinst du, warum die schleunigst abgezogen sind?" zischte Fritz, "und überhaupt, ich will weder Kantine noch McDonald's, ich will nach Hause über Mittag, schließlich habe ich das die letzten zwanzig Jahre so gemacht."
"Ja, so eine Umstellung braucht Zeit", gestand der Projektleiter zu und kontrollierte seine Agenda. "Vielleicht sollten wir den Start der Rakete auf morgen früh verschieben und nochmals darüber nachdenken."
"Vielleicht", sagte Max versöhnlich, "sollten wir die Zeit bis zum Start noch benutzen, um uns besser zu organisieren?
"Schon wieder?" zirpte Fritz. "Gestern haben wir doch auch reorganisiert."
"Das braucht es einfach", nickte Max und suchte mit den Augen die Unterstützung des Projektleiters. "Besonders jetzt, wo ständig neue Aspekte auftauchen, wie da dein Motor."
"Übrigens, das mit dem Motor war eine sensationelle Idee", sagte der Projektleiter und klopfte Fritz auf die Schultern, "die beste in all den Jahren, die ich schon das Projekt leite. Ich wäre da nie draufgekommen. Echt nie. Ich spüre, daß unser Projekt vorankommt."

Qualitätsarbeit

Der Chef legte den Hörer auf. "Das mit dem Motor sollte kein Problem sein", sagte er, "man hat mir gesagt, wir könnten alles haben. Wenn wir bloß bald auf dem Mond landen."

The Long Beep

Ein echt beinharter Krimi
Drei Raymond Chandlers in eine Story verdichtet

An jenem Tag stand ich vor dem Schuppen der Kripo, weil ich den Tretroller meines Nachbarn suchte. Er hatte ihn im Stadtzentrum stehen lassen und seit drei Jahren nicht mehr gesehen und versprach mir ein nettes Sümmchen, wenn ich ihn wiederfinden sollte.
Ich habe den Tretroller nie gefunden, und weiß auch nicht, ob mein Nachbar deswegen Selbstmord begangen hat, denn er ist in eine andere Stadt gezogen, bevor ich nach Hause kam. Ich dachte mir, der Kommissar ist mir noch einen Gefallen schuldig, und außerdem weiß ich zuviel über ihn, und trat in das Gebäude.

"An dem Fall hat sich schon mal einer die Zähne ausgebissen", sagte der Kommissar und verzog sein

The Long Beep

Gesicht, als ob er mit der Zunge einen Kaugummi von hinter dem Halszäpfchen hervorholen wollte. "Sie stecken immer noch drin, die Zähne", lispelte er.
Dann griff er in die Schublade, riß eine Akte hervor, mit spitzen Fingern, als ob er sich verbrennen könnte. "Ziemlich heiße Sache", sagte er und warf sie auf den Tisch, "ich muß sie in meiner Asbestschublade aufbewahren."
Die Akte fraß sich auf seinem Schreibtisch langsam und unerbittlich durch den Plastikschoner, und ein scharfer Geruch machte sich im Büro breit, während der Kommissar auf die rauchenden Fingerspitzen blies. Tatsächlich sahen die Ränder der Akte ziemlich verbissen aus, eine Reihe Schneidezähne, einer mit Plombe, alle gelb vom Zigarettenrauch, ragte heraus.
"Kein Problem für mich", sagte ich, stand auf, rückte meinen Tangaslip unter der Hose zurecht und beugte mich vor. Dann griff ich in die Hosentasche zu meinen coolen Eiswürfeln und schmiß eine Handvoll davon auf den Ordner. Sie verdunsteten zischend, und ich hörte den Kommissar durch die Nebelschwaden hindurch husten.
Als er mich wieder sah, waren die Fenster noch be-

The Long Beep

schlagen, aber ich hielt die Akte bereits in der Hand und blätterte darin.

"Passen Sie auf, daß Sie Ihre Finger daran nicht verbrühen", stieß er hervor, "oder wollen Sie den hartgesottenen Kerl spielen?"

"Hab' schon heißer gehabt", sagte ich, "ich bin ausgekocht, mitsamt meinen Boxershorts." So war es. Und ich war der erste, der wußte, nichts schmerzt schlimmer als zu Tangas geschrumpfte Boxershorts, die in die Hoden schneiden. Aber das ist eine andere Geschichte. Ich blätterte also um auf der Suche nach einer Information und hatte das unbestimmte Gefühl, die Sache zerrinne mir nächstens unter den Händen.

In diesem Augenblick begann die Akte zu piepsen.

"Eine Selbstzerstörungselektronik!" rief der Kommissar entsetzt, zog seine Browning und mit der anderen Hand die Smith&Wesson und tauchte hinter seiner Holzfestung in Deckung.

Niemand kann so schnell in Deckung gehen wie ein Kommissar, der das langgezogene Piepsen einer Höllenmaschine in einer heißen Akte hört. Und tatsächlich zerbröselte das Papier vor meinen Augen, während die eingebaute Elektronik die Titelmelodie aus

The Long Beep

Towering Inferno spielte.
Bald waren die Unterlagen zerstört, nur die ausgebissenen Zähne blieben in einem Aschenhaufen übrig.
Und die Batterie der Elektronik. Es wird Zeit, dachte ich, daß sich Greenpeace mal um die Selbstzerstörungen kümmert.
"Jemand will, daß wir nicht weiterkommen", schloß ich nun präzise und schnell wie ein Supercomputer. "Ein Mann mit Einfluß."
"Passen Sie auf, wen Sie verdächtigen", warnte mich der Kommissar, der nun langsam wieder hinter seinem Schreibtisch auftauchte, und er grinste verdächtig. "Es kann auch eine Frau sein."
Ich zuckte zusammen. Ich hatte einen entscheidenden Fehler gemacht: Ich durfte nicht nur Männer verdächtigen. Und ich hatte mein Gegenüber unterschätzt. Er könnte diese Information an den Frauenverein weitergeben, und dann wäre ich geliefert. Da würden mir auch meine Tangas nichts mehr nützen.
Fieberhaft suchte ich nach einer Bemerkung, welche die Stimmung auflockern konnte, eine Bemerkung, einen Witz oder eine Drohung, mit welcher er vergessen würde, welch brisante Information er in den Händen

The Long Beep

hielt. Bei dieser hitzigen Suche schmolzen mir die Eiswürfel in der Tasche wie der Schneemann in Nachbars Garten im Frühling.
Bloß schneller.
Bald würde das Wasser auf den Boden laufen, und ich würde dastehen wie ein begossener Pudel.
Doch so weit war ich noch nicht gesunken. Ich stand auf.
"Ihre Zimmerpflanzen sehen vertrocknet aus", lenkte ich ab, "sie brauchen Wasser."
"Keine Drohungen, ich bin hier in meinem Büro", wies er mich zurecht, "da können sie hinter sich haben, wen sie wollen."
Blitzschnell drehte ich mich um. Aber hinter mir stand niemand. Ich hörte den Kommissar kurz und hämisch auflachen, zufrieden, daß er mich hereingelegt hatte. Aber er wußte nicht, daß ich in seinen Augen schon längst gesehen hatte, daß hinter mir nur die Tür mit einem billigen Werbekalender war. Ich war nämlich nur auf sein Manöver eingegangen, um ihn abzulenken: Bei meiner schnellen Wendung hatte ich unauffällig die geschmolzenen Eisstücke in die Hydrokultur geschwenkt und so sichergestellt, daß ich keine nassen

The Long Beep

Hosen kriegte. Doch mein Eiswürfelvorrat war alle. Ich brauchte dringend Nachschub, sonst konnte ich das Gespräch nicht mehr so cool wie bisher weiterführen.

"Nun?" fragte er gedehnt und steckte die Daumen nonchalant unter die Bänder der Hosenträger, "wollen Sie den Fall immer noch bearbeiten?"

"Mehr denn je", antwortete ich und trat die letzten Krümel der sterbenden Akte mit dem Absatz aus. "Aber jetzt brauche ich erst mal einen Schluck Nahrung."

Damit drehte ich mich auf demselben Absatz, nahm meinen Hut, ließ ihn auf die Ohren fallen, wo er einen unschlüssigen Augenblick lange schwankte, bis er dann in den Nacken kippte und ich endlich wieder etwas sah.

Ich mußte aus dem stinkenden, feuchten Bau, das der Kerl sein Büro nannte, verschwinden. Wenn der so weitermachte, konnte er einen botanischen Garten eröffnen und mit Fremdenführungen sein Gehalt aufbessern.

"Wir sehen uns wieder", sagte ich beim Hinausgehen, "ich bring Ihnen dann auch noch ein paar Pythonschlangen fürs Herbar mit."

The Long Beep

Mit offenem Mund blieb er stehen. Er hatte den Hinweis verstanden. Bildung ist alles, dachte ich befriedigt, als ich draußen auf den Lift wartete, damit haust du jeden Kloß um. Zwei Zeilen Shakespeare, aus der Hüfte geschossen, sind gefährlicher als eine Handgranate oder eine Maschinenpistole.

Als ich die Tür zu meinem Vorraum aufstieß, saß dort eine Mieze mit ausladendem Balkon und langen Beinen, die bis zu den Hüften reichten. Sie hatte sie so unauffällig übereinandergeschlagen, daß ich fast darüber gestolpert wäre, und im letzten Moment konnte ich noch ausweichen, prallte aber in die Tür des Büros, hätte die verschlossene Türe wohl eingedrückt mit meinem Schwung, wenn ich nicht vergessen hätte abzuschließen, als ich vor zwei Stunden rausging, sauste mit einem perfekten Dreher in den Raum, versuchte mich am Schreibtisch festzuhalten und schlug das Knie donnernd an. Der Hut schlaffte vom Kopf auf den Hutständer, die Schublade flog auf, ich wirbelte um das Möbel herum, kam im Sessel zu sitzen und griff nachlässig nach der Whiskyflasche, die eben aus der aufrollenden Schublade zu purzeln drohte.

The Long Beep

"Einen Drink, die Dame?" rief ich nonchalant hinaus, "oder sind Sie vom blauen Kreuz? Was kann ich für Sie tun?"

Aber ich ahnte bereits, was auf mich zukam und hatte kaum noch Zeit, meinen Tanga zurechtzurücken.

Mit einem Satz stand sie am Schreibtisch und knallte eine Kassette hin.

"Sie Schuft", zischte sie, und ihr Balkon wankte so hypnotisierend, daß ich mein aufgeschlagenes Knie vergaß, "sie haben von Verdächtigen gesprochen. Nur von Männern."

Nun wußte ich endgültig, woher der Wind wehte. Ich stand auf, um das Fenster zu schließen, weil ich Durchzug so schlecht ertrage und weil ich Zeit gewinnen wollte für meine Antwort.

"Worauf wollen sie klagen?" fragte ich mit dem schiefgezogenen Mund, wie es eben nur einer kann, dem die Boxerhose zum Tanga geschrumpft ist. Man sollte nie ungeschrumpfte Unterwäsche vom WWF kaufen und damit ein ausgekochter Kerl werden wollen, sonst kommt man nie mehr los davon. Das hatte ich von meinem Umwelttick.

Sie warf ihre Wimpern hoch wie ein Farmer, der mit

The Long Beep

dem Vorschlaghammer zum nächsten Schlag auf den Pfosten ausholt, mit dem er seine Grenzen absteckt. Und sie steckte die Grenzen klar ab.

"Wir klagen auf sexuelle Belästigung", hämmerte sie, "passive sexuelle Belästigung. Das wird ihnen beibringen, nur Männer zu verdächtigen."

Der Vorschlaghammer war niedergefahren. Und ich war der Grenzpfosten. Wankend wich ich einen Schritt zurück und öffnete den Eisschrank, so daß sie nicht sehen konnte, wieviele Eiswürfel ich mir in die Hose schaufelte.

"Damit kommen Sie nicht durch", bluffte ich, nun cool wie immer.

Ich zog einen der frischen Würfel aus der Tasche, ließ ihn in den Whisky plumpsen, und als sie sich vorbeugte, um ihre Worte zu wiederholen, und dabei ihre Nasenspitze fast an meiner Nasenspitze rieb, griff ich nochmals in die Tasche und ließ einen Würfel in ihren Ausschnitt fallen.

Das wirkte.

Sie riß die Augen weit auf wie Hangartore, dann schrie sie laut auf. "Nehmen Sie ihre Hand da raus", brüllte sie, "Sie Schleimheini!" Sie torkelte zurück, versuchte,

The Long Beep

in die Hand zu beißen, die sie gar nicht zwischen dem Busen fand, erwischte dabei ihre eigene und kämpfte eine Weile mit sich selber, während ich ruhig zusah, wie der allfällige Beweis zerrann. Dabei hatte ich genügend Zeit, die Kassette mit dem abgehörten Gespräch unauffällig gegen eine Aufnahme von Julio Iglesias auszutauschen, welche ich schon seit Monaten loswerden wollte. Endlich beendete die Furie ihrem Kampf und siegte über sich selber. Hastig schnappte sie die Kassette und sprang zur Tür.
"Wir werden Sie fertigmachen!" schrie sie, "wir werden das noch heute in Radio Nora senden!"
"Am besten in der Kultursendung", empfahl ich, "es wird sich gut machen als Überleitung vom intellektuellen Jazz zur honduranischen Volksmusik."
Die Tür zum Büro knallte zu, die Tür zum Vorraum fast gleichzeitig.

Nun konnte ich meinem Fall nachgehen. Bis heute Abend würde mich der Kommissar unbehelligt lassen, denn er glaubte mich in den Klauen der Amazonen, und ich hatte Zeit für meine heiße Spur.

The Long Beep

Ich hatte mir beim Hinausgehen aus seinem Büro den Kalender unauffällig angesehen. Der Mann war käuflich, klarer Fall, sonst würde er keine Geschenke annehmen, aber der Reklameaufdruck auf dem Kalender war nur ein Ablenkungsmanöver gewesen. Er hatte ihn aufgehängt, während ich im Nebel die Akte studiert hatte. Doch damit konnte er mich nicht reinlegen. Ich hatte da so meine Theorie. Und die galt es jetzt zu überprüfen.
Ich packte meinen 45er in die Tasche und füllte bei mir Whisky nach, dann ging ich hinunter und stieg in den Wagen.

Es war schon dunkel, als ich wegfuhr. Vor der Villa von L.O.N.G.Burp jun.II hielt ich an, steckte mir eine Camel an und wartete.
Ein Wagen kam den Driveway herunter. Die Stahltore öffneten sich wie von Geisterhand. Jetzt hieß es schnell schalten. Ich hatte damit gerechnet, daß sie noch keine Elektronik eingebaut hatten, und daß ich den Portier ausquetschen könnte, aber jetzt mußte ich meine Pläne ändern. Immerhin erhärtete dies meine Theorie. Ich nahm einen Schluck aus dem Flachmann, spürte, daß

The Long Beep

mein Denkapparat in Fahrt kam und dachte an die Blonde mit dem Balkon. Und an Thelma. Sie hatte mir vorgemacht, daß sie nichts wisse und daß ihr Großvater aus St.Louis stammte, obwohl sie wußte, daß ich wußte, daß sie nie einen Großvater gehabt hatte. Und der Kommissar hatte mit ihr darüber gesprochen.

Es klopfte an meiner Cabrioscheibe und ich wandte den Kopf, die Hand am 45er. Ein Mann wie ein Bierwagen wackelte mit dem Kopf und bedeutete, daß er auf der anderen Seite einsteigen würde.
"Privatdetektiv, huh?" fragte er, als er sich in den Packard gezwängt hatte wie ein Ozeandampfer in einen griechischen Jachthafen.
"Ich kaufe nichts", antwortete ich gelassen und beobachtete das Weiße in seinen Augen. Wenn er einatmete, zog es das zugeklappte Verdeck herunter.
"Brauchen Sie nicht, Sie können einfach Red zu mir sagen, dann kommen wir vielleicht besser miteinander aus."
Ich ließ den Motor an und fuhr los, hinter dem anderen Wagen, der schon längst verschwunden war.
"Da vorne rechts", sagte er, "dann können Sie los-

The Long Beep

preschen und ihn einholen."
"Wie kommen Sie zu diesem Job?" fragte ich ihn.
"Ich war mal bei der Polizei", antwortete er.
"Und viel zu ehrlich, nehme ich an."
"Ich wollte nicht auf meine Mutti hören", spottete er, "da haben sie mich auf die Straße gesetzt. Man sollte eben auf die richtigen Leute hören, wenn sie einem ein Lied singen."
Ein Polizist, der sich nicht hatte korrumpieren lassen wollen, oder vielleicht zu wenig. Ein Mensch, nicht schlechter und nicht besser als andere, der einfach keine Möglichkeit gesehen hatte, während des Dienstes ungestört eine Tafel Schokolade zu essen, sich wahrscheinlich darüber beklagt hatte, und darüber seinen Job verlor, während hundert andere in Villen wohnen, die sie sich gar nicht leisten könnten, wenn sie sich ihre Schokolade ehrlich verdienen würden.

Die Straße führte hinunter zur Hafenanlage. Die Lichter des schweren Wagens vor uns gingen aus, als er vor dem Casino anhielt. Ich fuhr einmal um den Block, dann stellte ich den Wagen ab und ging mit dem Riesen hinein.

The Long Beep

Thelma stand am Roulettetisch und lachte ihr hinreißendes, aber hohles Lachen. Reiche Leute haben ein besonderes Lachen, und sie verlieren es genauso ungern wie alle andern.

Plötzlich spürte ich etwas im Rücken, das sich nicht wie eine Pizzaschnitte anfühlte. Ich folgte dem leisen Druck. Eine Tür in der Wand glitt auf und führte in einen stilvoll eingerichteten Raum. Die Türe hinter mir glitt wieder zu. Dann explodierte eine Handgranate in meinem Kopf, und ich verlor mich in einem schwarzen Nichts.

"Zuviel getrunken?" fragte eine Frauenstimme und lachte drauflos. Dann spürte ich, wie mir Whisky eingeflößt wurde, und mein Hirn begann wieder zu arbeiten. Ich wollte mich drehen, aber ich stieß gegen etwas Weiches und zog den Kopf zurück. Die ausladende Furie aus dem Büro saß am Bettrand. Mein Tanga lag schief.

"Sie haben sich da ganz tief in die Lasterhöhle hineingewagt", sagte sie, lächelte zufrieden und flößte mir nochmals Whisky ein.

"Warum verstecken Sie mich im Frauenhaus?" fragte

The Long Beep

ich und kam langsam hoch.
"Wenn Sie von den anderen gefunden worden wären, hätten die Brei aus ihnen gemacht. Ich hatte die Kassette nochmals abgehört, und mußte nicht lange nachdenken, um den Zusammenhang mit dem Spielcasino herzustellen. Sie sind mir völlig verladen vor den Kühler gelaufen, als ich zu einer Demo fahren wollte, und da habe ich sofort geschaltet. Wie sind Sie überhaupt in diesen Zustand geraten, fragt man sich."
"Man weiß wie. Und Sie können mir dabei helfen." Ich trank mein Glas leer und fühlte mich durstiger als zuvor.
"Die Leiche des angeblichen Freundes des Enkels des Täters war in einem Säuretank gefunden worden und hatte jegliche Aussage verweigert", sagte sie. "Bloß die Plomben seiner Zähne sind noch erhalten." Sie schenkte mein Glas nach.
"Aber die Plomben stammen vom gleichen Zahnarzt wie diejenige im Aschenhaufen der Akte", sagte ich und hielt ihr mein Glas hin.
"Woher wissen Sie überhaupt von der Leiche?" fragte ich darauf leichthin.
Sie errötete bis tief unter die Ohren. "Mein Vater war

The Long Beep

mit dem Polizeichef befreundet, und darum kann der mir keinen Gefallen abschlagen."

Es handelte sich also nicht bloß um Rauschgift, Prostitution, oder Fischhandel. Es ging um mehr. Die ganze Stadt war korrupt. Und mein leeres Glas sah auch jämmerlich aus. Ich füllte es selber nach, stand auf und ging zum Fenster.

Man sah von hier weit in die Berge hinein. Aber nicht bis St.Louis, und nicht so weit, wie die Leiche mit dem Tretroller gegangen war.

Betriebsunfall

Als Heinrich starb, war alles unklar. Er wachte am Morgen einfach nicht mehr auf, da fuhr ihm Frieda, seine Frau, zuerst liebevoll über das Haar, schüttelte ihn anschließend, dann schrie sie im Halbdunkel des Wintertages, er solle endlich aufwachen, und schließlich ging ihr auf, daß er nicht mehr lebte.
Aufgelöst rief sie den Arzt, aber der konnte nur den Tod feststellen. Allerdings begann hier das Unheil. Heinrich war keines natürlichen Todes gestorben, das stellten alle einmütig fest. Er hatte auf dem Rücken gelegen und hatte eine eingedrückte Nase und blaue Flecken im Gesicht und auf der Brust.
"Was haben Sie mit ihm gemacht?" fragte schon der Arzt und später die Polizei mit einem Blick, der eine Mischung von Staunen und Abscheu ausdrückte.

Betriebsunfall

"Was haben Sie mit ihm gemacht?" wurde Frieda auch vom Untersuchungsrichter gefragt, aber sie hatte keine Antwort.

"Sie lagen doch neben ihm", sagte der Untersuchungsrichter, "Sie müssen etwas bemerkt haben. Man schlägt einem Mann nicht lautlos das Gesicht ein. Außerdem ist eine Rippe gebrochen."

Frieda war in Tränen aufgelöst, aber das beeindruckte den Beamten nicht. Er hatte schon ganz andere Heuchlerinnen gesehen. Nach einer Weile Zusehen reichte er ihr ein Papiertaschentuch und wartete unerschütterlich, bis ihre Schluchzer abebbten.

Frieda wurde zu den Gewohnheiten von Heinrich befragt.

"Er hat am Abend gelesen und ist dann zufrieden ins Bett gekrochen, ich meine, zu Bett gegangen", erklärte Frieda, und der Gedanke, daß Heinrich nun in seinem letzten Bette lag und nicht mehr lesen würde, trieb ihr wieder die Tränen in die Augen. Sie erhielt das nächste Tempotaschentuch.

Sie waren ein ruhiges, kinderloses Ehepaar gewesen, das bestätigten auch die Nachbarn. "Etwas eigenartig",

Betriebsunfall

sagte Frau Meier, "jetzt wo ich darüber nachdenke, sie waren ja schon etwas zu ruhig, ein normaler Mensch ist doch nicht so still. Die hatten sicher einen heftigen Groll aufeinander, aber alles schön unter der Oberfläche, vor der Umgebung versteckt. Wenn ich mir vorstelle, daß ich sie nie laut streiten hörte, daß alles in giftigen Blicken ablief, dann läuft es mir kalt den Rücken hinunter." Frau Meier schüttelte sich und genoß den Schauer. "Hinterhältig", fuhr sie weiter und lieferte ihre Lösung des Falles, "hinterhältig war sie eben, sonst hätte sie ihren Mann nicht vergiftet. Das einzige Mal, wo ich sie schreien hörte, war an dem Morgen, als Herr Krebs tot war. Da hat sie sich sicher ein Alibi schaffen wollen, das sieht man ja jeden Tag im Fernsehen."

An dieser Stelle hörte der Polizist, der die Nachbarn befragte, auf zu notieren und steckte den Kugelschreiber in die Brusttasche seiner Uniform zurück.

"Sonst ist Ihnen nichts Besonderes aufgefallen", fragte er noch, um das Gespräch abzuschließen.

"Lange geschlafen hat er immer", sagte Frau Meier, die ihre wichtige Stellung in diesem mysteriösen Todesfall, nein Mordfall, begriffen hatte. "Die Frieda

Betriebsunfall

Krebs hat mal gesagt, er schlafe immer so gerne, am liebsten würde er durchschlafen bis zum Abend. Und dazu hat sie satanisch gelächelt." Wieder schauderte Frau Meier zur Betonung mit dem ganzen Körper.

"Wie lächelt Satan?" fragte Untersuchungsrichter Wenzel grinsend den Polizisten, als er von Frau Meiers Verdacht hörte, und die beiden Männer lachten herzlich, bis die Sekretärin ihren Kopf durch die Türe steckte und schaute, was denn da los sei. Die Herren wandten sich ernüchtert wieder den harten Tatsachen zu. Bloß - es gab einfach nicht viele harte Tatsachen. Heinrich Krebs war nicht an den Schlägen ins Gesicht gestorben, er war erstickt. Der Untersuchungsarzt war absolut sicher.
"Keine Druckspuren am Hals", sagte er, "aber er ist erstickt, als ob man ihm einen Plastiksack über den Kopf gezogen hätte."
"Da hätte er sich doch gewehrt", wandte der Untersuchungsrichter ein, "er wäre aufgewacht. Und woher sind die Schläge?"
"Der Schlag", korrigierte der Experte, "es schaut aus wie ein einziger Schlag mit einem Riesengewicht, das

Betriebsunfall

man ihm mit Wucht über Gesicht und Brust schlug."
Die drei Männer schüttelten den Kopf. Frieda Krebs war zu schwach, um ihren Mann zu erschlagen. Eine zierliche Person, der man nicht mal zutraute, eine Kiste Bier hochzuheben. Und schon gar kein Riesengewicht.
"Vielleicht ein Liebhaber?" warf der Polizist ein.
Er wurde wieder auf die Suche geschickt und untersuchte das Liebesleben der unscheinbaren Frieda Krebs. Diesmal vermied er es aber, bei Frau Meier zu klingeln. Doch er fand nicht viel heraus. Zuerst schien zwar eine gute Fährte auf, eine Nachbarin munkelte von einem sportlichen und schmucken Mann, der manchmal zu Besuch komme, auch dann, wenn Heinrich Krebs arbeiten gegangen sei. Aber er kam als Liebhaber nicht in Frage, denn er erwies sich als ihr Bruder und als Skatpartner von Herrn Krebs. Und in der fraglichen Nacht war er nachweisbar in London gewesen.
'Es gibt keine menschliche Erklärung', dachte Untersuchungsrichter Wenzel und ließ Frieda Krebs weiter in der Untersuchungshaft schmoren.

"Es sieht so aus", begann der Experte beim Mittagessen

Betriebsunfall

in der Kantine, "als ob ..." Doch er brach ab, starrte in die Luft und schüttelte den Kopf.

"Was?" bohrte Wenzel begierig, "los, sag's schon!"

"Das ist zu absurd."

"Nun mach schon, wir müssen jede Möglichkeit untersuchen, sonst wirft uns der BLICK Unfähigkeit vor. Hast du den Artikel heute Morgen gesehen? Dieser Reporter war schon bei meiner Sekretärin und wollte Details wissen."

"Also", fing der Experte zweifelnd an und stocherte verlegen in seinem Risotto, "mir ist heute eine Idee durch den Kopf gegangen, als ich auf dem Weg zur Arbeit an einer Baustelle vorbei kam." Er schüttelte erneut ungläubig den Kopf.

"Welche Idee?" fragte der Untersuchungsrichter und beugte sich vor, die Augen auf die Lippen des Gegenübers geheftet. "Ich muß jedem Hinweis nachgehen, damit ich die Lösung finde, bevor uns die Zeitungen durch den Kakao ziehen."

"Auf der Baustelle", murmelte der Experte "da sah ich, wie sie große Säcke mit Sand oder Zement abluden. Gerade, als ich vorbeiging, ist ein Sack von der Palette heruntergefallen und mit einem dumpfen Klaps auf

Betriebsunfall

den Boden geknallt. Da habe ich mir gesagt, wenn er da drunter gelegen hätte und keiner den Sack weggehoben hätte, dann wäre mir alles klar."
Sie schüttelten beide den Kopf. Die Wohnung war sauber gewesen.
"Hat sie ihn vielleicht draußen irgendwo umgebracht" sinnierte Wenzel und verwarf den Gedanken gleich wieder. "Wir wissen, daß sie zu Hause blieb. Die Meier darunter hätte das bemerkt. Wenn er sich überhaupt nachts aus dem Haus hätte locken lassen. Er war ja bekannt dafür, daß er nichts lieber tat als schlafen. Und alleine konnte die Krebs ihn nicht zurückschleppen. Außerdem war Heinrich Krebs ganz sauber."

Der Fall schien unlösbar. Ein gefundenes Fressen für die Boulevardzeitung, die bereits Frau Meiers unmögliche Theorien über stille Wasser, die tief gründen, aufgegriffen hatte. Sie waren damit zu einer Psychologin gerannt und hatten diese ausführlich interviewt. Natürlich hatte die Dame die Gelegenheit zur Gratiswerbung für ihre Praxis dankbar aufgegriffen und wiederholte fast wörtlich den Unsinn von Frau Meier, bloß angereichert um ein paar sehr lange psycho-

Betriebsunfall

logische Fachausdrücke.
"Als ob der Quatsch so besser zu verdauen wäre", murmelte der Experte und deutete gegenüber Wenzel an, die Frau sei eine Studienfreundin des Reporters.

Der Untersuchungsrichter saß wieder nachdenklich im Büro, als er plötzlich die Sekretärin im Nebenzimmer schreien hörte. Da mußte eine Maus in ihr Büro eingedrungen sein. Nach der Lautstärke zu urteilen, mindestens zehn Mäuse. Er lächelte müde, wartete, daß sie entsetzt zu ihm hereinstürzte und sich über die alten Gebäude beklagte, doch nichts dergleichen geschah. Er verspannte sich ein wenig und hörte ein Kratzen an der Tür. Dann schwang sie langsam auf. Wenzel war neugierig auf ihr Gesicht, der Schrecken mußte ihr fürchterlich zugesetzt haben, wenn sie so hereinschlich. Aber ihr Kopf erschien immer noch nicht im Rahmen. Hatte der Durchzug die Tür aufgedrückt? Er hörte nun ein Tuscheln und Trippeln am Boden unten und beugte sich erstaunt über den Schreibtisch vor.
Er war im Büro eingeschlafen, dachte er, als er die kleinen Männchen am Boden stehen und zu ihm, einem Riesen im Vergleich, aufblicken sah. Sie hatten ihre

Betriebsunfall

Zipfelmützen abgenommen, hielten sie scheu vor der Brust und warteten. Nun trat der Wicht mit dem längsten Bart vor und räusperte sich.
"Wir sind eine Erklärung schuldig", sagte er, "darum sind wir hierhergekommen."
Der Untersuchungsrichter nickte verwirrt und zwickte sich heimlich in den Hintern. Die winzigen Kerle stellten sich neben den Stuhl, auf dem sonst Zeugen und Verdächtige Platz nahmen.
"Wir haben eine Aussage zum Todesfall Krebs. Ein tragisches Unglück." Der Alte trat zur Seite und nickte einem anderen Däumling zu, der mit hängenden Schultern vortrat.
"Sag's jetzt selber", raunte ihm der Alte zu.
"Es war wirklich keine Absicht", erklärte der Kleine zerknirscht, "ich wollte ihm nur eine Freude machen. Und als es dann geschah, da habe ich eben die Nerven verloren und mich zwei Tage lang versteckt, bis mich die Kollegen aufspürten."
"Darum sind wir nicht früher gekommen", warf der Älteste dazwischen.
"Ich wollte ihm eine besondere Freude machen", fuhr der Wiedergefundene fort, "er hatte sich ja immer

Betriebsunfall

gewünscht, einmal eine ganze Woche lang am Stück durchzumachen, hat immer wieder gebettelt, und da habe ich am Ende einen ganz großen Sack mitgenommen."
"Was wollte er eine Woche lang?" fragte Wenzel verständnislos.
"Er schlief so gerne, und da wollte ich den Sack ausleeren und da ist er mir aus der Hand gerutscht und hat ihn bewußtlos geschlagen, und da glaubte ich, er sei tot. Und da bin ich in meiner Panik davongerast mit meinem Schlitten, dabei ist er doch erst erstickt, als ich ihn allein ließ."
Der Untersuchungsrichter zwickte sich mit aller Kraft in den Hintern und stöhnte vor Schmerz.
"Wo ist der Sack geblieben?" fragte er, als er nicht aufwachte und Finger und Backe brannten.
"Der Sand löst sich in der Nacht immer in Nichts auf", erklärte der Kleine, "wie auch der Sack."
"Wer seid ihr überhaupt?" fragte Wenzel und wünschte sich, endlich aufzuwachen.
"Gehen Sie denn nie schlafen?" fragte der Alte erstaunt ob soviel Unverständnis, "wir sind die Sandmännchen!"

Betriebsunfall

Der Untersuchungsrichter seufzte und vergrub das Gesicht in seinen Händen. Als er wieder aufsah, waren die Männlein immer noch da und sahen immer noch geduldig zu ihm hinauf.
"Sind Sie nicht zufrieden?" fragte der Alte mit dem längsten Bart besorgt, "jetzt ist Ihr Fall gelöst."
Wenzel schüttelte traurig den Kopf. "Ich sehe schon die Schlagzeile", sagte er schließlich, *"Polizei löst Todesrätsel: Das Sandmännchen verhaftet.* Die Welt lacht sich zu Tode, und ich lande im Irrenhaus oder kann im besten Fall mit Frühpension rechnen und meine Tulpen züchten."
"Wieso sollten Sie im Irrenhaus landen?" fragte der Alte überrascht.
"Weil es das Sandmännchen nicht gibt."
"Wir existieren, das sehen Sie hier mit eigenen Augen."
Die Männchen schüttelten die Köpfe.
"Das glaubt mir kein Mensch", ächzte Wenzel.
Ein entrüstetes Raunen ging durch die Gruppe neben dem Stuhl. Sie steckten aufgeregt die Köpfe zusammen.
'Ich bin undankbar', dachte er, während er sich zur Sicherheit nochmals in die Backe kniff. 'Sie stellen sich selber, lösen mir den Fall, und ich lache sie aus.'

Betriebsunfall

Unruhig rutschte er auf dem Stuhl hin und her und verfolgte das aufgeregte Geraune vor seinem Bürotisch. Sie warfen ihre kleinen Arme in die Luft, über die winzigen Stirnen zogen sich Zornesfalten, und der Älteste mußte wiederholt zur Vernunft mahnen.
'Warum mußte ausgerechnet ich diesen Fall bekommen?' klagte Wenzel stumm.
Die Beratung war zu Ende. Der Alte hatte sie mit knapper Not hindern können, wütend hinauszustürmen.
"Also", begann der Älteste wieder, "wir akzeptieren, daß noch nicht alle Leute an uns glauben."
Wenzel nickte ergeben.
"Aber wir sind der Meinung, daß wir den Reporter überzeugen können, das Thema fallen zu lassen."
"Wie denn?" fragte der Untersuchungsrichter. Er suchte angestrengt nach einer schmerzfreien Sitzposition.
"Sie können sich beruhigt auf uns verlassen", tröstete ihn der Alte. "Wir werden heute mit ihm reden und Ihnen helfen. Ich denke, dann wird er davon absehen, Sie und uns in den Dreck zu ziehen."
"Und wenn er sich nicht überzeugen läßt? Der braucht doch seine Story."

Betriebsunfall

Der Alte fixierte ihn eine Weile, darauf sah er nachdenklich zum schuldigen Däumling hinüber. "Dann werden wir ihm ein wenig Sand in die Augen streuen", erklärte er langsam.
"In großen Säcken."

Takeover

Als Eugen wieder auf Deck stieg, fuhr er durch Nebel. Mitten in der Ägäis. Noch vor ein paar Minuten unter schwerdrückender Sonne und jetzt im kalten Nebel. Das Segel reffen? Wozu auch, der Meltemi hatte nachgelassen. Das Horn. Vielleicht steckte er nicht allein in dieser Suppe. Ein Frachter könnte ihn zermalmen wie Balsaholz. Eugen wollte hinuntersteigen, als der Dunst aufriß und die Sonne gleißte. Im nächsten Moment knirschte der Rumpf und er wurde zur Kajüte geworfen, konnte sich im letzten Augenblick festkrallen. Aufgelaufen! Vom Kurs abgeraten. Das hatte er davon, daß er sich auf die Elektronik verließ. Der Navigator war programmiert, zwischen den Inseln durchzusteuern und jetzt setzte das Mistding den Kahn in den Sand.

Takeover

Mitten in eine Bucht, auf drei Seiten von bewaldeten Hügeln umgeben. Ein paar Felsbrocken ragten aus dem Wasser.
Hauptsache, er war nicht in einen Felsen gedonnert, beruhigte er sich. Mit etwas Glück kam das Schiff bald wieder los. Eugen reffte das Segel für den Fall, daß der Meltemi plötzlich wieder auffrischte, anschließend stieg er in die Kajüte und überprüfte das Satellitengerät. Die Anzeige blinkte, kein Empfang. Die Vorgaben rausgefallen? Funk? Das Funkgerät bot nur Rauschen, auf allen Frequenzen. Verärgert hieb er auf die OFF-Taste. Kein Wunder, war er vom Kurs abgeraten. Diese Sorgen hatten die alten Griechen nicht gehabt. Sollte er nun an Land gehen und Hilfe suchen oder sich zuerst aus dem Sand befreien? Mechanisch suchte er die Sachen zusammen, welche er ins Schlauchboot legen könnte, damit sich der Kiel anhob, Konserven, Werkzeuge - als er draußen Stimmen hörte. Helle Frauenstimmen, dann das leichte Poltern eines Bootes, das längs anlegte.
Als er den Kopf aus der Kajüte streckte, stieg die erste Frau eben an Bord und dahinter ragten die neugierigen Köpfe der anderen über den Rand des Decks.

Takeover

Die Besucherin begrüßte ihn mit einem munteren *Kalimera*, schien ihn mit einem Blick zu erfassen, wandte sich wieder um und half ihren Freundinnen an Bord. Der Kiel knirschte, das Schiff legte sich leicht zur Seite. Die Mädchen kreischten lachend auf und hielten sich gegenseitig fest, verstummten darauf und musterten ihn, als ob sie noch nie Blue Jeans gesehen hätten. Die jungen Frauen trugen weite weiße Kleider, wie die Damen aus der griechischen Oberschicht, dachte Eugen, wie auf den attischen Vasen. Stand hier auf der Insel ein Ferienklub mit nostalgischem Einschlag? Philosophie, Esoterik und Maniküre?
Er verstand zuerst kein Wort von dem, was die Anführerin ihn fragte. Sie wiederholte, sprach langsamer und trat zutraulich näher.
"Bist du der Kapitän dieses schlanken und weiß glänzenden Schiffes?"
Der Duft ihres Parfums verwirrte ihn.
"Wo sind deine Ruderer, der Steuermann, und die übrigen der Männer?"
"So groß ist das Schiff auch wieder nicht", lachte er auf.
Die Frauen wollten wissen, was er geladen habe und

Takeover

nickten wissend, als er erklärte, er sei kein Handelsreisender.
"Du hast gar keine Mannschaft?" Ihre Augen forschten in die Kajüte hinunter. Er mußte sie wieder enttäuschen. Er solle doch an Land kommen, seinen Anker werfen. Er habe sicher Hunger nach der Reise.
Vielleicht war da noch ein Mann, dachte er, der ihm helfen konnte, ein anderes Schiff, weiß was. Er warf den Anker aus.

Im Ruderboot strahlte ihn eine junge Frau an, die mit der flachen Hand auf das Sitzholz tätschelte und ihn so aufforderte, sich zu ihr auf den Balken zu setzen. Ihre Freundinnen gönnten ihr mit verschmitztem Lächeln die kleine Eroberung.

Mit leichten Schlägen ruderten die Frauen auf den Strand zu. Oben auf dem höchsten Punkt lag eine große Villa, mit klassizistischem Giebel, aber leuchtend rot und blau angemalt. Er wollte fragen, wie die Insel denn heiße, als sie bereits hinaussprangen und den Nachen im Schwung weiterzogen, bis er im Sand kratzte und sicher festsaß. Während sie ihre Ledersan-

Takeover

dalen umbanden, warfen sie ihm dann und wann einen ungläubigen Blick zu.

Der Weg durch den Zedernwald hinauf zur Villa war mit großen Steinplatten belegt und gesäumt von Zypressen. Die Anführerin ging ruhig und aufmerksam neben ihm her, während die anderen sie beide umringten, tänzelten, Fragen hinwarfen und sich gegenseitig aufzogen.
Woher er komme? fragten sie. Wie er die Insel gefunden habe? Ob noch andere Schiffe mit ihm gefahren seien? Die Städte? Athen? Schmuck? Mode? Kaum versuchte er zu antworten, prasselten mehr Fragen herunter. Und ständig dieser weiche, warme Duft der Parfums, der ihn einhüllte.
Schließlich wies die Wortführerin die anderen zurecht, der Gast sei müde von der Reise, sie sollten ihn schonen, ihre Neugierde zügeln, Zeit würden sie noch genug haben.
Ein Mädchen kam entgegengerannt, sah ihn kurz an und wandte sich der Anführerin zu.
"Jaja", winkte diese mit der Hand ab und wandte sich Eugen zu. "Der Alte will dich sehen, er ist so sehr

Takeover

neugierig auf seinen Besucher."
Er lächelte zurück. "Kommt so selten Besuch?"
"Alle paar hundert Jahre strandet einer."
Er lachte über diesen Witz, brach aber ab, als sie ihn alle musterten. Hatte er etwas Falsches gesagt? Bei den Griechinnen weiß man nie, woran man ist. Einmal lachen sie, dann sind sie plötzlich verstimmt, und man findet nie heraus, warum.
Ohne weitere Worte gingen sie den Rest des Weges.

Der Tempel - anders konnte er die Villa beim besten Willen nicht bezeichnen - lag auf einer weiten Lichtung, rechts daneben breitete sich eine tausendjährige Platane aus, so hoch wie das Dach des Heiligtums, das bemalt war wie eine Rekonstruktion von Mykene.
Eugen kaute seine Oberlippe, um nicht herauszulachen. Der Besitzer mußte Kohlensäcke voll Geld besitzen und einen teuren Architekten gekauft haben. Allerdings bewies er überholten Geschmack. Ein griechischer Reeder, oder eher verrückter Texaner, der mit seinem Öl diese Insel gekauft und zu einem antiken Paradies umgebaut hatte.
Eugen wurde in den mächtigen Bau geführt, durch

Takeover

die Säulen und das erste Tor, über welchem Buchstaben eingemeißelt waren, und dann ins Innerste. Ein alter, großer Herr mit weißem Bart lag dort auf einem Liegesofa und nahm eben von den Trauben, die auf dem niederen Tisch mit anderen Früchten standen. Nach ein paar Augenblicken hob er den Blick und fixierte den Neuankömmling.
"Bist du gefahren durch Nebel und Sturm und bei uns gelandet." Er erhob sich zu seiner vollen Größe, eingehüllt in eine weiße Kleidung, welche an die römische Toga erinnerte.
Eugen spitzte die Ohren, um den Mann zu verstehen.
"Hast in den Sand deinen Kiel nun gefahren, kannst nicht ihn bewegen. Seemann, hast du dein Handwerk gelernt und bist doch gestrandet!" Der Alte lachte auf, daß es widerhallte.
Eugen nickte und grinste schief. Wenn dieser Texaner sich den Bart stutzte, sähe er aus wie Hemingway. Sein Gastgeber schlug sich das Ende des weißen Tuches, über den Arm und bat Eugen mit einer zeremoniell ausladenden Geste zum zweiten Liegesofa.
"Setz dich, oh Fremder, zu uns an den Tisch und labe der Speisen."

Takeover

Der Alte schenkte ihm Wein ein in ein Horn, das durch eine Konstruktion aus zwei Eisenbeinen aufrecht gehalten wurde, so, wie man es in Museen rekonstruiert sieht. Der Kerl hatte täuschend echte Kopien herstellen lassen oder einfach eine Ausstellung leergeklaut.
"Ruh' dich nun aus von den Wirren der Seefahrt und streck dich aufs Lager. Dann, wenn du wieder gestärkt, blonder Fremder, erzähl' uns von Hellas."
Eugen setzte sich vorsichtig auf das Museumsstück und verkniff sich sein Grinsen. Solange ihm der Alte half, konnte der so verrückt sein, wie er wollte.
Ein Mädchen mit glatter Haut trug frische Früchte auf, Äpfel, Orangen, Trauben, sowie Fladenbrot und Fleischstückchen vom Grill. Sein weißer Mini aus Leinen, geschnitten wie die T-Shirts der Diener im alten Griechenland, brachte ihre Figur herausfordernd zur Geltung. Eugen zwang sich, nicht hinzustarren. Es entging ihm aber nicht, daß der alte Knacker sie ausgiebig und selbstverständlich betatschte, während sie die Sachen abstellte. Doch das Mädchen ging wieder hinaus, ohne daß Eugen hätte sagen können, ob sie sich über die Fummelei geärgert hatte.

Takeover

Der Alte zupfte die Trauben von einem Bund. "Hast doch der Städte so viele gesehen, beschreibe sie uns nun."
"Ich komme von Thessaloniki."
Der Alte stutzte. "Wie heißt die Stadt, wo du herkommst, ich kenn nicht den Namen, den Ort nicht."
Kannte der bombastische Typ die Landkarte nicht?
"Thessaloniki", wiederholte Eugen laut, "oben in Mazedonien."
"Dort wo Barbaren nun siedeln im Norden der Griechen, der tapf'ren?"
Aus dem nachsichtigen Ton konnte er schließen, daß sein Gastgeber ihn als Trottel ansah. Der Weißbärtige schenkte beiden blutroten Wein nach, bis die Hörner überliefen.
"Halt, ich entsinn' mich, davon hat erzählet ein Gast mal vor Jahren."
Der Alte leerte das Trinkhorn in einem Zug und schien darauf leise in sich hineinzuhorchen, die Worte jenes fernen Gastes zu suchen. Sein Gesicht bewegte sich, einen Augenblick lang hatte Eugen das Gefühl, einen anderen Menschen vor sich zu sehen, einen verwegenen Matrosen, aber der Eindruck verflog. Der Texaner

Takeover

lag da wie ein alternder griechischer Gott, schnappte sich eine Orange und schälte sie.
"Kennst du die Früchte, die gold'nen, die hingen im Garten dem fernen?"
Er warf Eugen eine zu.
"Orangen", sagte Eugen höflich und nickte. Etwas klein geraten, die Früchte. Hatte der Mensch eine antike Züchtung ausgegraben?
"Wie sind die Frauen in Thessaloniki im Norden, dem kühlen? Sind ihre Hintern so fest wie die Backen der Frauen am Isthmus?"
Der alte Angeber sprach wohl von den Korintherinnen, die im Altertum mal als besonders knackig und lebenslustig galten. Eugen zog die Luft ein. "Frauen vom Isthmus, die kenne ich nicht, doch sollen sie schön sein und fröhlich", deklamierte er.
Der andere sah kaum auf, tat so, als hielte er den geschwollenen Stil für die größte Selbstverständlichkeit.
"Andere Frauen der Griechen, die kenn ich, sie sind gar bezaubernd, wenn sie sich räkeln am Strande, den Po an der Luft, an der lauen."
Der Alte runzelte die Stirn. Hatte die Ironie ihn nun

Takeover

herausgefordert?
"Kennst nicht den Isthmus und liebst doch die Frauen beim Bade zu schauen?"
Er kniff die Augen zusammen und sein Gesicht nahm den versteckt gerissenen Ausdruck eines Großkaufmannes an, der ahnt, daß man ihn übers Ohr hauen will.
"Seemann bist du und warst nie am Orte, der zwischen den Meeren, zwischen der Insel des Pelops und griechischem Festland sich lagert? Spiele werden zu Ehren Poseidons immer gehalten. Weit kommt man her, die Kraft seiner Muskeln mit Männern zu messen."
Der Blick des Alten ruhte forschend auf Eugen.
"Wo bist du her? Du bist nicht geboren von griechischem Samen."
"Nein, ich komme aus der Schweiz. Elvetía."
"Ah, ein Barbare, vom Lande, wo Menschen die Sonne verehren, nicht olympische Götter, die dreizehn, die thronen im Nebel."
Er nahm einen tüchtigen Schluck und wischte sich mit dem Handrücken über den Mund.
Ob der Spinner ihm helfen konnte, das Schiff wieder flottzukriegen?

Takeover

"Gibt's auf der Insel jemanden, der etwas von Schiffen versteht?"
"Männer und Schiffe, die findest du nirgends auf diesem dem Eiland. Lösen wir diese die Not in unserer eigenen Weise. Abends der Wind, der hilft uns, das Schiff aus dem Sande zu ziehen."
Eugen fuhr unruhig auf seinem Liegesofa hin und her. Der Meltemi blies sicher nicht am Abend, sondern am Nachmittag, das weiß jedes Kind auf den Sporaden.
"Habe Geduld, bald wirst du der Hilfe schon nicht mehr bedürfen."
Ob der gute Mann sie noch alle beieinander hatte? Wollte der seinen Gast zum Plaudern hierbehalten?
Der Texaner schnippte mit den Fingern. Lautlos trat die Frau herein, die ihn auf den Berg geführt hatte. Mit einer Kopfbewegung deutete der Alte auf Eugen und schälte dann gedankenverloren seine Orange. Der Gast schien für ihn nicht mehr zu existieren.
Die Frau stellte sich neben sein Lager und bedeutete ihm sanft, aber bestimmt, aufzustehen und ihr zu folgen. Sie traten aus dem Raum in den Säulengang und sie lächelte ihm zu, während sie mit lockeren Schritten neben ihm her ging. Als ob sie etwas erwartete.

Takeover

"Spricht er immer so geschwollen", fragte Eugen, von ihrem Duft eingehüllt.
"So spricht ein Gott, schöner Fremder." Sie lachte auf und nahm ihn bei der Hand, "Komm!" und hüpfte die Treppe hinunter über die Lichtung zu einem Nebengebäude unter den Bäumen. Die kleinen Fenster des Raumes waren mit einer Art Pergament bespannt, in einer Ecke stand ein Bett, darauf ein Schaffell zusammengerollt.
"Dein Zimmer", sagte sie und berührte wie zufällig seinen Arm.
"Was ist nun mit meinem Schiff?"
"Später", antwortete sie verträumt. Ihre feinen Finger spielten mit dem Kragen seines Polohemdes.

Als er nach der Mittagsruhe aufwachte, war die Frau verschwunden. Der Lärm der Zikaden drang durch die Fenster. Er schlüpfte in die Jeans und stand auf. Kaum aus dem Häuschen getreten, sah er den verrückten Texaner unter den Säulen der Villa hervortreten.
"Na, gut geschlafen, Fremder?" rief der Weißbärtige und wartete, bis Eugen nähergetreten war. "Die Hitze am Nachmittag war heute fast nicht auszuhalten."

Takeover

Endlich sprach der Mann normal.
"Warum haben Sie vorher in Versen gesprochen?" fragte Eugen.
"Laß dich nicht stören, mir ist es gegeben, zu sprechen wie Götter." Er schmunzelte. "Das mache ich nur drinnen. Im Freien kann ich reden wie ein gewöhnlicher Sterblicher."
Ein Hauch von Wein wehte Eugen entgegen.
"Wann kommt der Wind, den Sie erwarten?" fragte er, " ich will dann auf dem Schiff sein."
"Warte bis zum Abend." Der Weißbärtige kratzte sich zufrieden die Brusthaare.

Eugen entschuldigte sich, er wolle nach dem Schiff sehen. Nach ein paar Minuten auf dem breiten Steinweg hörte er schnelle Schritte hinter sich und wandte sich um. Die selbstbewußte Anführerin holte ihn ein und nahm ihn locker bei der Hand.

Die Elektronik auf dem festgefahrenen Schiff funktionierte nicht. Auch das Radio im Walkman bot nur gleichmäßiges Rauschen. Kopfschüttelnd packte Eugen frische Wäsche in einen Sack, stopfte ein paar

Takeover

Kassetten ein und fuhr zurück an den Strand. Seine Begleiterin war neugierig auf die Musik aus dem Kopfhörer und begann begeistert zu tanzen, bis sie im Eifer das Kabel aus dem Gerät riß, erschrak, auflachte, kokett davonrannte und sich einholen ließ. Dann zeigte sie ihm eine kühle Höhle, von der aus man ungestört das Meer überblickte. Als der Mond aufging, kletterten sie endlich wieder hoch, und sie verabschiedete sich noch vor der Lichtung.

Tische und Sofas standen unter der Platane, als er oben ankam. Eugen trat an den Rand der Veranda und setzte sich auf das Mäuerchen, während hinter ihm das Essen vorbereitet wurde. Vor dem Vollmond zog dann und wann eine kleine graublaue Wolke vorbei. Unten am Strand wiegte sich sein Segelboot in den Wellen. Eugen begriff erst nach einer Weile Zusehen, daß sich der Kiel selbsttätig aus dem Sand gelöst hatte, wohl mit Hilfe der Flut, und lächelte über seine Unruhe.

Der Baß des Alten rief ihn an den Tisch. Die Frauen waren verschwunden. Er kannte die Speisen nicht, nur das Fladenbrot, das dazu gereicht wurde. Vorsichtig

Takeover

versuchte er. Es schmeckte fremd, aber köstlich, und er griff mit steigender Begeisterung zu.
"Na?" fragte der Alte freundlich und stolz.
"Göttlich, olympisch!" bemerkte Eugen mit vollem Mund.
Der Alte schüttelte den Kopf. "Hier geht es ruhig zu, aber es gibt öfter mal was anderes zu essen. Der Olymp, das war stürmisch und laut und immer das Gleiche. Die Götter ständig beim Saufen und Fressen, wenn sie nicht gerade stritten. Zwischendurch, wenn alle andern bedüselt waren, haute einer ab auf die Erde und suchte eine Sterbliche, die dafür in die Geschichte einging. Dann zurück, so tun, als ob man schnell hinter einen Busch gekauert wäre, und weiterfuttern."
Er unterbrach die Phantasie und schob das Kinn zurück, um sich auf eine Luftblase zu konzentrieren, welche die Speiseröhre heraufkletterte.
"Sie scheinen sich da auszukennen."
"Klar doch, habe ich jahrelang mitgemacht, bis ich den Becher randvoll hatte. Immer die gleichen Späße über Hephaistos, der von Aphrodite betrogen wird, immer die gleichen Bücklinge vor Zeus, wenn er mal da ist, weil er eben einen anderen heruntermachen

Takeover

will, immer nur Gegrilltes, ständig das Gezänk unter den Göttinnen, wer die Schönste sei. Darüber haben sie vergessen, daß sie überflüssig werden, weil andere nachstoßen."
Eugen schmunzelte in der Dunkelheit über die Phantasie des alten Herrn.
"Nur der Wandel ist ewig. Alles andere vergeht. Auch die Olympier vergehen, obschon sie Götter sind."
Er hob das Trinkhorn.
"Zeus haßt den Wandel. Er hat Angst davor, wie alle Mächtigen. Dort oben Nummer dreizehn zu sein ist kein Spaß." Andächtig ließ er den nächsten Rülpser an die frische Luft dröhnen.
"Genau", spann Eugen den Gedanken weiter, während der andere in eine Orange biß, "eine Mannschaft hat nur zwölf Leute, man ist überzählig. Außerdem ist es schwierig, den Kuchen bei der Nachspeise in dreizehn gleiche Teile zu zerschneiden."
Der andere lallte nickend weiter. "Bist du der dreizehnte, sind sie wütend auf dich, weil du der einzige bist, der dreizehn gleiche Teile hinbringt. Und immer glauben sie, daß du dir das größte Stück abschneidest."
Er spuckte die Kerne der Orange aus und warf die

Takeover

Schale fort. Das Mädchen im Mini tauchte aus dem Dunkel auf und wischte sie weg.
Die Zikaden rieben die Beine zum zii, zii zii.
"Naja, wer will schon auf diesem ewig nebligen Berg hocken? Nicht mal ein Barbare macht das freiwillig. Da habe ich mich eben von den ewigen Prahlern abgesetzt." Er lachte auf. "Hier geht's mir viel besser. Keiner, der mich stört, keiner, der mir die Weiber streitig macht. Hier bringt mich keiner mehr weg."
Nach einem kräftigen Schluck beugte er sich vor. "Man sagt mir, du hast keine Mannschaft auf dem Boot. Stimmt das, oder hat man mich angelogen?"
Eugen bestätigte. Der Alte interessierte sich nun für die Takelung, die Bauart, die Steuerung, hörte aufmerksam zu, aber er schien nicht mehr alles zu begreifen. Ab und an warf er einen Fachausdruck dazwischen, den Eugen noch nie gehört hatte und den er sich erklären lassen mußte.
Eugen erklärte von seinem Navigationsgerät und daß er doch vom Kurs abgekommen sei. Wie die Insel eigentlich heiße?
"Ich nenne sie die Dauernde." Ja, sie gehöre sozusagen zu den Sporaden. Er kicherte in sich hinein.

Takeover

"Bloß hätte ich gerne wieder mal was Neues. Ich kenne allmählich die Tricks der Kleinen. Warum verirrt sich nicht mal ein Schiff mit Frauen hierher? Naja, die Sterblichen würden auch wieder schnell altern." Er lehnte sich zu Eugen hinüber, mit dem Gesichtsausdruck des verschlagenen Kaufmanns. "Wie sehen die Frauen in deinem Thessaloniki aus? Diesmal ehrlich, wir sind unter uns! Sind sie so fröhlich wie die Korintherinnen? Oder sind sie so prüde wie die gute alte Hera?"
Hier brach er ab, das gewohnte Gesicht war zurückgekehrt, und er versank in dumpfes Brüten, den Blick verloren auf die Orangen gerichtet. Sie schwiegen eine Weile miteinander. Eine leichte Brise spielte mit den Blättern der Platane und im Wald lärmten die Zikaden. Endlich fiel der Kopf auf die Lehne zurück und kurze Zeit später hörte Eugen ein leises Schnarchen. Er nahm vorsichtig eine Öllampe und stahl sich fort. Elektrisch Licht hatte er keines in seinem Zimmer, das war ihm am Nachmittag aufgefallen. Ein konsequent nostalgischer Mensch, dieser Gott des Wandels. Fast hätte er ihm den Quatsch mit dem Olymp abgenommen.

Takeover

Als Eugen in sein Zimmer trat, schimmerte im flakkernden Licht der Lampe ein Gesicht an der Wand. Das Mädchen kicherte fast lautlos und zupfte an seinem Mini. Eugen zog die Luft ein. Eine außergewöhnliche Insel. Bloß jetzt nicht aufwachen, dachte er und blies die Lampe aus. Kleine, geschmeidige Hände halfen ihm aus den Jeans.

Er schlief sehr gut in dieser Nacht, wie ein Stein mitten in einem verwunschenen Wald. Griechische Streiter grüßten mit den Schilden, Sokrates plauderte freundlich mit ihm und fragte, ob er wisse, was Tugend sei, und Odysseus prahlte, er habe noch ganz andere Sachen erlebt als das, was man aufgeschrieben habe. Dann war er an einem Trinkfest der Götter, man lachte wieder mal über einen groben Witz zu Aphrodite und ihrem hinkenden Mann, dann fixierten alle auf einmal Eugen feindselig. "Hör auf mit deinem Geschwätz vom Wandel", sagten sie ihm, "sonst werfen wir dich raus."
Eugen sah an sich herunter. Weiß fiel sein Bart auf die Brust. Er setzte an, zu widersprechen, aber da löste sich der Steinboden auf und eine Insel leuchtete weißumrandet im blauen Meer unter ihm. Die Insel

Takeover

des dreizehnten Olympiers.

Beim ersten Licht wachte er auf, wieder alleine, und wunderte sich über die Antwort des Mädchens, das ihm in der Nacht auf die Frage nach dem Alter "drei" geantwortet hatte. Er lachte über den Scherz. Höchstens siebzehn Jahre gab er ihr. Aber sie wiederholte, dreitausend.

Er hörte ein Rascheln und sah sich um. "Ich bin die Köchin", sagte die sanfte, mollige Gestalt, "ich höre, es hat geschmeckt gestern?"
Ergeben rückte er zur Seite. Allmählich begriff er seine Bestimmung auf dieser Insel.

"Wo ist die Dusche", fragte er später.
"Die was?"
"Dusche. Wasser. Ich will mich waschen, bevor ich zum Schiff hinuntergehe."
Sie lächelte, und er wußte nicht, ob sie sich über seine Frage amüsierte. Wieder das Gefühl, die Griechen hielten ihn als Ausländer für nett, aber leicht trottelig. Schließlich nahm sie ihn bei der Hand und führte ihn

Takeover

ein wenig wegabwärts zu einer Quelle, die mit einem Becken eingefaßt war.
"So etwas?" fragte sie.
Der Texaner hatte nicht mal eine richtige Wasserleitung verlegt. Aber da glaubte Eugen eigentlich nicht mehr, daß der Kerl ein Texaner war.
Sie sah sein Gesicht und führte ihn weiter, bis sie unter einem Felsen standen, über den ein Bach herunterplätscherte.
"Oder sowas?" fragte sie?
Sie duschten ausgiebig. Auf einmal hatte er das Gefühl, daß er beobachtet wurde, er glaubte auch, daß sich die Büsche rund um die arkadische Dusche bewegten, aber da zog ihn die Köchin heran und er vergaß diese Büsche.

Schließlich stiegen sie wieder hinauf zur Villa. Er wollte sich beim Gastgeber bedanken, bevor er weiterfuhr. Freundliche Blicke der Frauen streiften ihn, als er über den Vorplatz zu den Säulen ging, eilte. Die Köchin hatte sich noch vor der Lichtung verabschiedet. Er fand den Alten nicht in seinen Hallen, fragte eine Dunkelhäutige, die verneinte, als ob sie eine ganz

Takeover

andere Frage erwartet hätte.
Er fragte nach der Wortführerin von gestern und wurde zu ihrem Raum geführt. Freudig lächelnd stand sie auf von ihrer Liege und trat anmutig auf ihn zu.
"Wo ist der alte Herr?" fragte Eugen.
Sie hielt inne und ihr Gesicht versteifte sich. Er fühlte einen Stich im Magen. Sie schien ihn nicht zu verstehen.
"Ich will wegfahren und mich verabschieden von ihm. Ich segle jetzt weiter."
Sie legte den Kopf zur Seite, als ob sie überlegte, dann führte sie ihn mit einer Handbewegung auf die Veranda hinaus, ohne ein Wort, und ließ ihn über das Meer blicken.
Da sah er es. Sein Boot war verschwunden. Der dreizehnte Olympier hatte ihm das Schiff geklaut. Darum hatte der Kerl ihn zurückgehalten. Eugen war sofort auf hundert.
"Warum hast du mir nichts gesagt?" brüllte er los.
Ihr Kopf zuckte zurück. Sie wartete und sah ihn fragend an.
"Wann ist er abgehauen?" Verzweifelt fuchtelte er mit den Armen herum. "Wann kommt er zurück?"

Takeover

"Wer?"
"Wann kommt der Alte mit meinem Schiff zurück?"
"In ein paar Jahrhunderten kommt vielleicht wieder eines, das ist doch immer so."
"Jetzt hör doch auf mit dem Theater. Ich habe keine Lust zum Witzeln."
Sie sah ihn völlig leer an.
"Wann kommt das nächste Versorgungsschiff?"
Er packte sie am Arm.
"Ein Schiff, das euch Waren bringt!"
"Brauchen wir doch nicht, wir haben die Versorgungskammer."
"Die muß doch nachgefüllt werden."
"Ja, sicher."
"Woher habt ihr also den Wein, die Früchte, die Stoffe? Das macht ihr ja nicht auf der Insel. Wer bringt das, womit ihr die Kammer nachfüllt?"
Er ließ ihren Arm los, zwang sich zu einer ruhigen Stimme.
"Warum spielst du mir noch diesen Quatsch vor, jetzt, wo der verrückte Hemingway abgehauen ist."
Sie schüttelte den Kopf. "Die Kammer wird jede Nacht gefüllt."

Takeover

"Von alleine?"
Sie nickte und führte ihn in ein Nebengebäude. Gemeinsam stiegen sie hinunter in die kühle Vorratskammer. In Nischen, in Stein gehauen, standen Schalen mit Früchten und Gemüsen, Amphoren mit Wein, Amphoren mit Oliven. Fleisch hing an Haken wie beim Metzger. Dieser Raum sei jeden Morgen wieder voll, erklärte sie.

Am Abend wurde wieder unter der Platane ein Tisch gedeckt, aber Eugen blieb allein. Immer wieder versuchte er erfolglos, auf seinem Radio einen Sender zu finden. Es schien ihm, daß die Platane dabei zusah und heimlich über ihn lachte.
Nach dem Essen ließ er sich nochmals in die Vorratskammer führen, merkte sich die leeren Nischen und beschloß, die Nacht durch den Eingang zu bewachen. Die Dunkelhäutige setzte sich mit einem bittenden Stirnrunzeln zu ihm an die Eingangstür, aber er schüttelte den Kopf, er wollte sich nicht ablenken lassen. Noch lange horchte er in die Nacht, während die Dunkle schon ihren Kopf auf seine Knie gelegt hatte und eingeschlafen war.

Takeover

Er wachte beim Morgengrauen auf, immer noch den Rücken an die Tür gelehnt, und schob den Kopf der Dunklen sanft von seinen Knien. Zusammen stiegen sie in die Kammer. Sie war voll. Er suchte einen zweiten Zugang, er wachte nochmals eine Nacht. Er fand nie heraus, wie sie gefüllt wurde.

Während der ersten paar Tage hatte er geglaubt, daß der Alte wieder zurückkommen würde, aber als aus den Tagen Wochen wurden und aus den Wochen Monate, wußte er, der Verrückte hatte ihn einfach sich selber überlassen. Die Frauen kümmerten sich nun um ihn, als ob er der Herr des Hauses sei, gaben ihm ein größeres Zimmer und verhielten sich überhaupt so, als ob der Alte nie existiert hätte. Auch sahen sie ihn nur verständnislos an, wenn er sie ausfragen wollte, woher sie eigentlich kämen. Als ob diese Fragen auf dieser Insel sinnlos wären.

Täglich hielt er Ausschau nach Schiffen, hatte am Strand Holz aufgeschichtet, um ein Notfeuer zu entfachen, wies die Köchin an, immer eine Fackel bereit zu halten, und saß stundenlang auf dem Dach der

Takeover

Villa oder noch lieber in der Krone der Platane, während das zii, zii der Zikaden die Luft füllte.
Bis ihm eines Tages auffiel, daß er am Himmel keine Kondensstreifen sah. Nie, obschon doch die Spuren der Flugzeuge Tausende von Kilometern weit sichtbar sind. Lange rieb er sich den Bart, den er nun seit Wochen nicht mehr rasierte, und überlegte. Er fand keine vernünftige Erklärung.

Allmählich verbesserte sich sein Griechisch im Umgang mit den Mädchen, sie behandelten ihn wie einen Gott im Himmel, aber eines Tages bemerkte er, daß er nie im heiligen Raum gewesen war, seit dem ersten Tag, seit das Schiff mit dem anderen verschwunden war.

Er stand vor dem Portal und entzifferte die Inschrift. *Ewig im Wandel.* Ewig im Wandel, wiederholte die Selbstbewußte neben ihm und lächelte ihm zu. Mit einem leisen Druck am Arm führte sie ihn hinein. Der Tisch war gedeckt, als ob sie das erwartet hätten. Nur der Wein fehlte. Er legte sich auf die Chaiselongue und sah sich um.

Takeover

"Wo bleibt der Wein?" fragte er zur Türe hin, sah den erschreckten Blick der Selbstbewußten und fühlte sofort, etwas hatte er falsch gemacht. Sie bewegte sich keinen Millimeter, starrte ihn nur aus den aufgerissenen, dunklen Augen an. Sie wollte ihm etwas mitteilen, einen Hinweis geben, und brachte keinen Laut heraus. Er wollte seine Frage wiederholen. Doch das Bild der Frau verblich vor seinen Augen. Sie verschmolz mit dem Hintergrund, sie löste sich langsam in Nichts auf.
Die Zikaden schwiegen.
Er fühlte sich unendlich allein. Halt! wollte er schreien, öffnete den Mund, schloß ihn stumm.
Schließlich erinnerte er sich an die richtige Sprache.
"Wein bringet roten und süßen, erfreut mich mit himmlischen Gaben", sagte er mit tiefer Stimme wie der Alte damals.
Ein wenig holprig war seine Sprache zwar, aber richtig. Der Schimmer der Selbständigen gewann seine Konturen zurück, sie nickte ihm erleichtert zu und verließ den Raum, um den Wein zu holen.
Zii, zii, zii zirpten die Zikaden.
Er spürte auf einmal, daß der Alte da war, hautnah,

Takeover

und sah sich um. Niemand. War das Schiff zurück? Er rannte aus dem Raum, vor den Tempel, auf die Veranda, starrte hinunter zum Strand. Weiß strahlte der Sand, kristallblaues Wasser glitzerte und dehnte sich aus bis zum fernen Strich, der Wasser und Himmel trennt. Ein leichter Windhauch. Das glucksende Lachen des Alten, dicht bei ihm. Er schoß herum. Nichts. Er war zu lange allein auf der Insel gewesen, halluzinierte, bildete sich diesen Quatsch ein.
Die Selbstbewußte stand unter den Säulen und winkte ihm. Er folgte ihr und legte sich an den Tisch.

Am Abend unter der Platane glaubte er plötzlich, den Alten hinter dem Stamm hervortreten zu sehen. Er starrte in die Nacht, erkannte verblüfft sein Gesicht, dann winkte er ab, fuhr mit der Hand über seinen Bart und lachte glucksend. Genauso, wie er es gehört hatte. Darauf hob er das Trinkhorn und leerte es in einem Zug.
Die Bilder tauchten wieder auf vor seinem inneren Auge, und er erinnerte sich. An sein Thessaloniki, an sein Korinth, an die Kriege, und an die Zwölf auf dem Olymp.

Vom gleichen Autor

Laurenz Hüsler

Lust & Erkenntnis
Satirische Geschichten

Die erste Geschichte ist den Germanisten gewidmet. Den Germanistinnen auch. Die zweite ist den Philosophen gewidmet. Den Philosophinnen auch. Die weiteren den Psychologen, Technikern und Fußballern.

Die letzte Gott und den Menschen.

Alle Geschichten sind aus dem Leben gegriffen und selbst erlebt von den handelnden Personen. Und alle Geschichten sind bitter ernst gemeint. Denn wer wollte spaßen mit einer Germanistin? Oder mit Gott? Oder mit einem Fußballer?

Das Buch eignet sich als Geschenk für Menschen, die mit einem Augenzwinkern auf die Welt gekommen sind und dies nicht wegbringen. Natürlich ist es auch die ideale Gabe für alle, die Bücher ungelesen und der Höhe nach geordnet ins Regal stellen. Letzteren sollte man mehrere Exemplare übereignen.

Die Titel der Geschichten in diesem Band:
Wahre Literatur/ Lust & Erkenntnis/ Gesang/ Artenschutz/ Sport, Politik und Weltwirtschaft/ Genesis

ISBN 3-9521132-4-7

Vom gleichen Autor

Laurenz Hüsler

Saloniki einfach
Griechenlandroman

Eine Woche reicht, um Stefan F. in Saloniki zum bestgesuchten Verbrecher und Staatsfeind zu stempeln. Dabei wollte er doch nur die Sicherheit im Archäologischen Museum verbessern - und damit ein gutes Geschäft machen.

Saloniki einfach ist ein Roman, welcher im modernen Griechenland spielt. Der Autor fabuliert hier über 200 Seiten in dem ihm eigenen ironisch-satirischen Ton über Gott und die Welt.
Die Geschichte ist frech und scheinbar respektlos geschrieben, aber die Liebe des Autors zu dieser Jahrtausende alten und immer neuen Stadt schimmert überall durch.

ISBN 3-9521132-6-3

www.ingramcontent.com/pod-product-compliance
Lightning Source LLC
Chambersburg PA
CBHW020807160426
43192CB00006B/472